Subterrâneos da cidade

ALT

David Macaulay

Subterrâneos da cidade

Martins Fontes

Para Elizabeth, a sabotadora,
e Janice, a protetora

Especiais agradecimentos àqueles que contribuíram com informações, incentivos e às vezes tudo junto (na ordem de ocorrência):
Larry Walsh, Bev Chaney e Frank Dyckman em Nova Iorque, John J. Doherty, Frank P. Bruno, Alan Gass, Clement Titcomb, Ben Kilgore, Tom Walsh, Tom Joyce, John Sullivan, James E. Wagner, George M. Pease, Frank J. McPartlan, Mélanie e Walter em Boston, Lorraine Shemesh, Tom Sgouros, Bill Drew e Wilbur Yoder em Providence, e Ruth Crossley-Holland em alguma parte na estação Victoria (metrô de Londres).

Título original: UNDERGROUND

1ª edição brasileira: setembro de 1988

Tradução: Doo Saing Kim
Revisão da tradução: Marina Appenzeller
Revisão tipográfica: Coordenação de Maurício Balthazar Leal

Produção gráfica: Geraldo Alves
Composição: Oswaldo Voivodic
Ademilde L. da Silva
Arte-final: Moacir K. Matsusaki

Rua Conselheiro Ramalho, 330/340 — Tel.: 239-3677
01325 — São Paulo — SP — Brasil

Sob os edifícios e as ruas de uma cidade moderna, há toda uma rede de muros, estacas, cabos, tubulações e galerias indispensáveis para atender às necessidades essenciais dos habitantes. Quanto maior a cidade, maior o emaranhado dessa rede. Os muros e as estacas sustentam edifícios, pontes e torres; os cabos, as tubulações e as galerias transportam elementos vitais como a água, o gás e a eletricidade; o subsolo também é atravessado por galerias mais largas que ligam mais diretamente lugares muito congestionados da superfície: trens velozes servem-se delas para transportar a multidão que vive e trabalha no aglomerado urbano.

Essa rede fundamental raramente é visível; é difícil portanto imaginar a sua complexidade ou compreender o seu funcionamento. Mas basta uma pane no metrô ou a ruptura de uma tubulação de água para sentirmos o quanto dependemos dela.

Sendo assim, o objetivo principal deste livro é a apresentação e a explicação de uma porção característica desta rede. Para limitar o estudo aos pontos mais importantes, inventei um canteiro de obras no cruzamento de duas ruas. A informação é correta, mas a maneira de apresentá-la, passo por passo, é completamente teórica: na maioria das cidades, principalmente naquelas que cresceram gradualmente ao longo dos anos, tudo acontece ao mesmo tempo e freqüentemente no mesmo lugar.

Uma compreensão melhor do que comumente não é visível numa cidade pode nos tornar mais sensíveis à manifestação das estruturas e redes invisíveis artificiais ou naturais que nos cercam. Essas redes surpreendentes e às vezes indispensáveis funcionam tão discretamente que tendemos a ignorá-las.

p. 48
p. 84
p. 76
p. 90
p. 91
p. 88
p. 64
p. 88
p. 65
p. 61
p. 62
p. 48
p. 71
CONCRE
p. 64
p. 52
POLICE
p. 83
p. 89
p. 21
p. 12

O QUE SE DEVE VER NA RUA
E ONDE ENCONTRÁ-LO NO LIVRO
p. 89
p. 86
p. 76
p. 79
p. 87

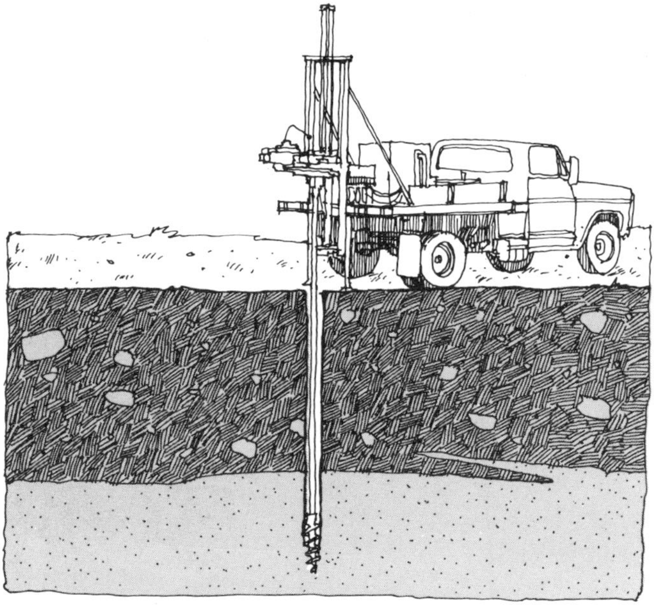

A maioria dos edifícios são construídos na porção da superfície terrestre composta de água e camadas de elementos como a areia, a argila e rochas variadas. Mais abaixo, freqüentemente a algumas dezenas de metros, estende-se a crosta sólida da terra (substrato rochoso). Para que o projeto de um edifício possa ser realizado, é preciso que o arquiteto conheça a natureza exata do solo sobre o qual será construído. É possível determiná-la de várias maneiras.

O método mais simples é fazer um buraco e olhar: no entanto, isso só é possível se não for necessário cavar um buraco muito profundo. Um segundo método utiliza uma sonda que fornece a distância até a rocha. O melhor método consiste em retirar, através de vários procedimentos, amostras do solo e rochas de diversas profundidades, e analisá-las cuidadosamente.

Qualquer que seja o método, todas as sondagens são feitas em lugares predeterminados, indicados na planta da obra. Os resultados são colocados no desenho do solo em corte. Com isso, verifica-se não apenas a natureza e a profundidade das diferentes camadas, como também o nível do lençol freático (profundidade em que o subsolo está completamente saturado de água).

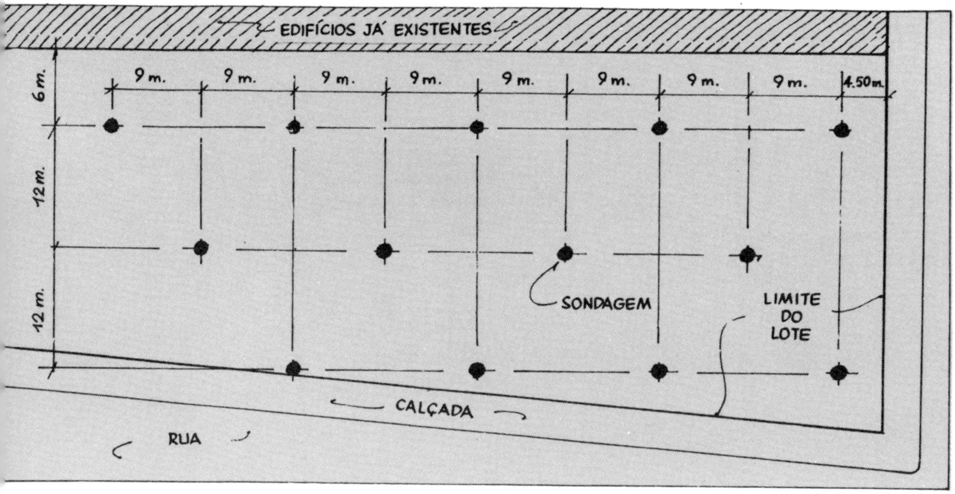

IMPLANTAÇÃO DO CANTEIRO DE OBRAS

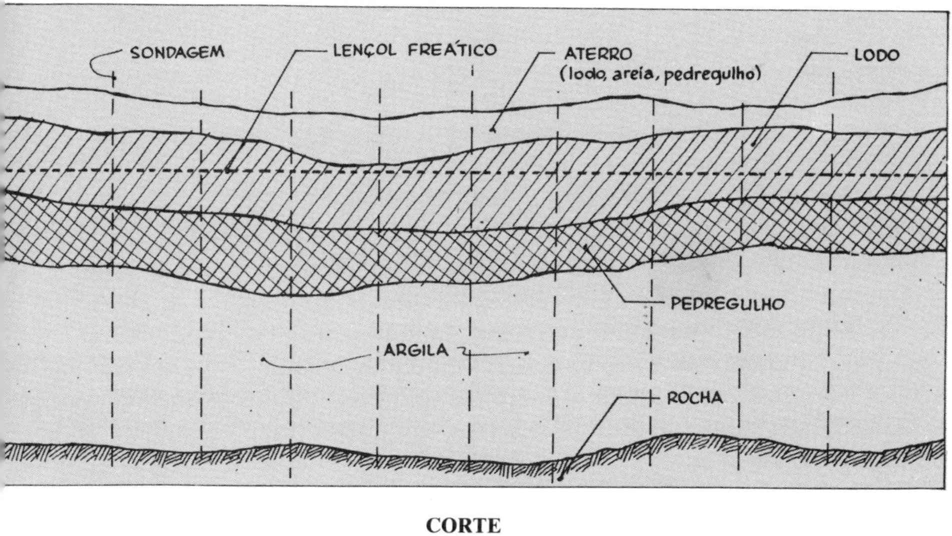

CORTE

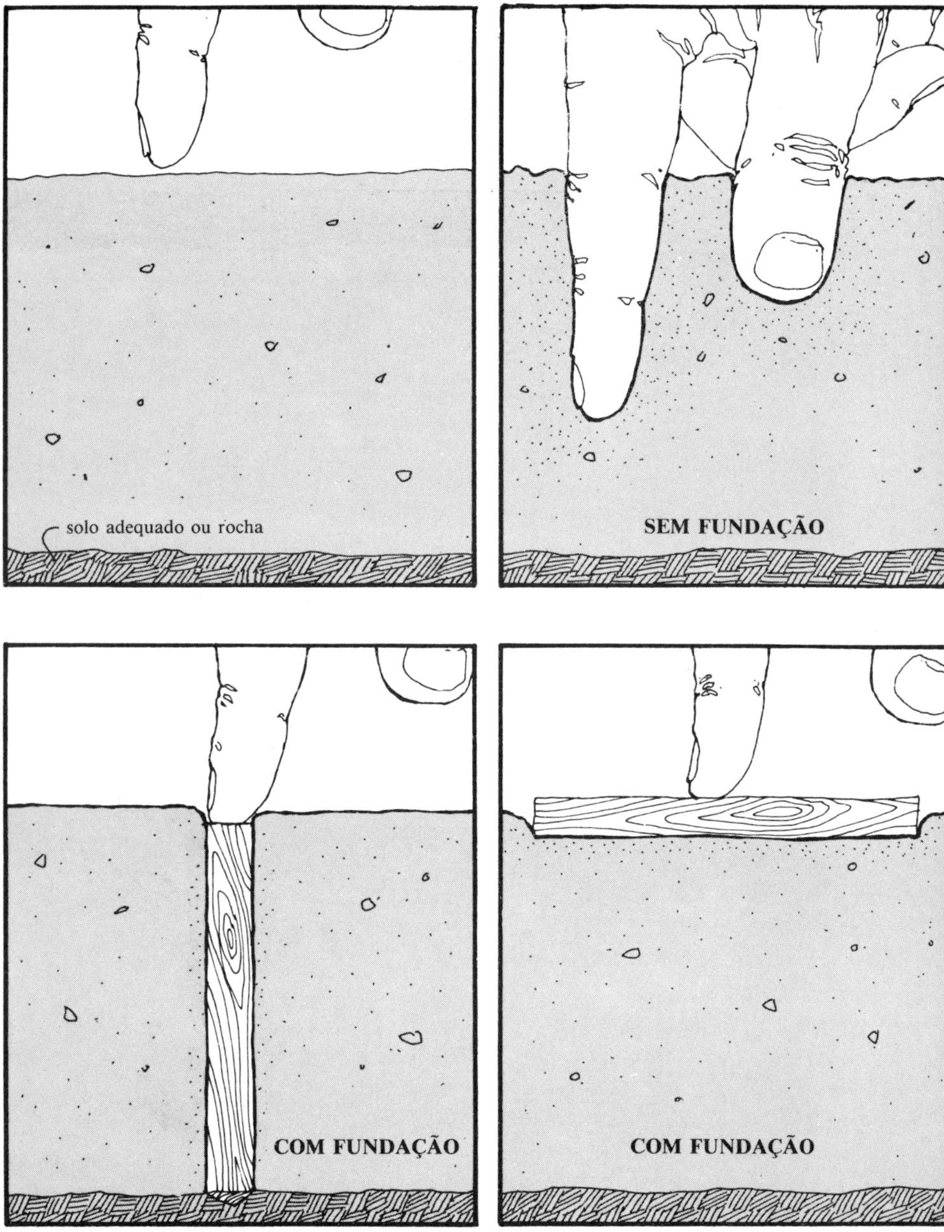
solo adequado ou rocha
SEM FUNDAÇÃO
COM FUNDAÇÃO
COM FUNDAÇÃO

A rocha é o melhor suporte para uma construção. Quando, porém, está muito abaixo da superfície, é preciso construir fundações que desçam até ela ou que permitam ao edifício se firmar sem alcançá-la. A fundação é uma estrutura que permite transferir o peso de um edifício para o material subjacente. Todos os edifícios movem-se ou comprimem um pouco o terreno durante e após a construção: a fundação deve portanto garantir uma acomodação uniforme (uma acomodação do edifício mais rápida num local do que em outro, ou em direções diferentes, pode provocar sérios danos). Por isso, a escolha das fundações é particularmente importante quando o solo é instável.

A melhor fundação para um determinado edifício depende do peso da construção, da área pela qual esse peso será distribuído e da natureza do solo. As fundações empregadas na maior parte dos pequenos edifícios são do tipo sapata de distribuição, consistindo em colocar uma laje de concreto sob cada pilar e sob cada parede de fundação. A sapata simplesmente distribui o peso que suporta por uma superfície maior e aumenta assim a resistência do solo encarregado de sustentar o edifício.

O concreto é uma mistura de areia, cal (ou cimento), cascalho e água. É levado para o canteiro de obras em estado líquido em betoneiras que mantêm a homogeneidade da mistura. Dá-se ao concreto a forma que se quiser despejando-o num molde apropriado: assim que endurece o suficiente, pode-se retirar a fôrma.

Para construir uma sapata e uma parede de fundação, em primeiro lugar cava-se uma trincheira na profundidade desejada. Se necessário, ela é reforçada com estruturas verticais de madeira para evitar desmoronamentos. Essa estrutura é escorada por pesadas vigas prensadas entre as paredes opostas. Uma vez bombeada toda a água da trincheira, podem-se preparar os serviços de concretagem. A fôrma da sapata é um caixão não muito profundo e alongado cujas paredes de madeira são fixadas no solo e regularmente escoradas por cima. Uma armação paralela de ferros para concreto é colocada na fôrma a alguns centímetros acima do solo; uma segunda série de ferros, dobrados para ultra-

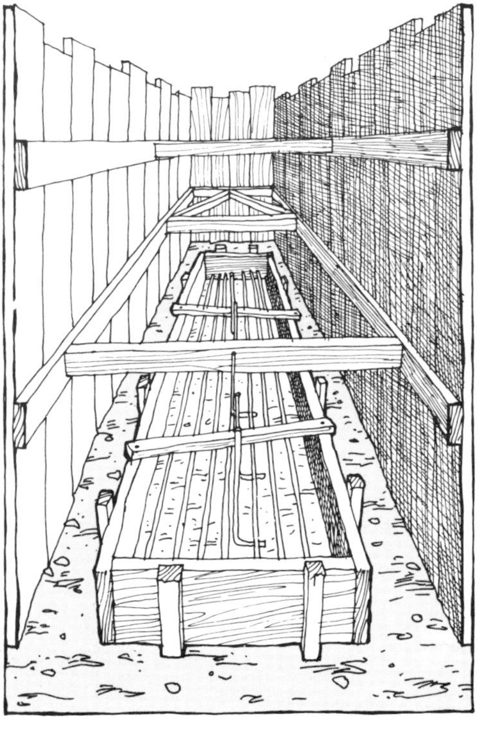

passar a fôrma, fará, ela própria, a seguir, a ligação com a parede. É comum cavar-se sobre a sapata um estreito sulco mediano onde se encaixará a parede de fundação. Geralmente coloca-se no concreto uma armação de ferros ou de grades para reforçá-lo. Quando a armação está colocada, preenche-se a fôrma.

A fôrma da parede de fundação é feita de placas de compensado e colocada diretamente sobre a sapata. Um lado da fôrma erguido, colocam-se os ferros para concreto e, em seguida, a segunda parede é ligada à primeira por traves de aço, e a fôrma toda é apoiada na guarnição. São necessárias várias semanas para que o concreto, uma vez vertido, atinja a resistência máxima; a princípio, durante alguns dias, é preciso manter uma certa temperatura e um certo grau de umidade: por isso, é comum o concreto que acaba de ser vertido estar coberto de palha ou de plástico.

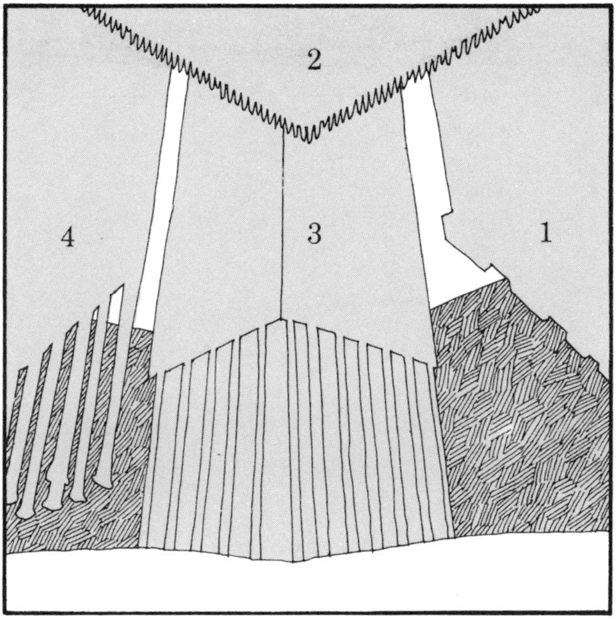

Em geral, as fundações dos grandes edifícios são adaptações ou combinações dos quatro tipos de fundações utilizados no nosso cruzamento de ruas. O edifício nº 1 repousa numa laje flutuante, o nº 2 sobre estacas de atrito, o nº 3 sobre estacas de suporte e o nº 4 sobre estacas moldadas no local.

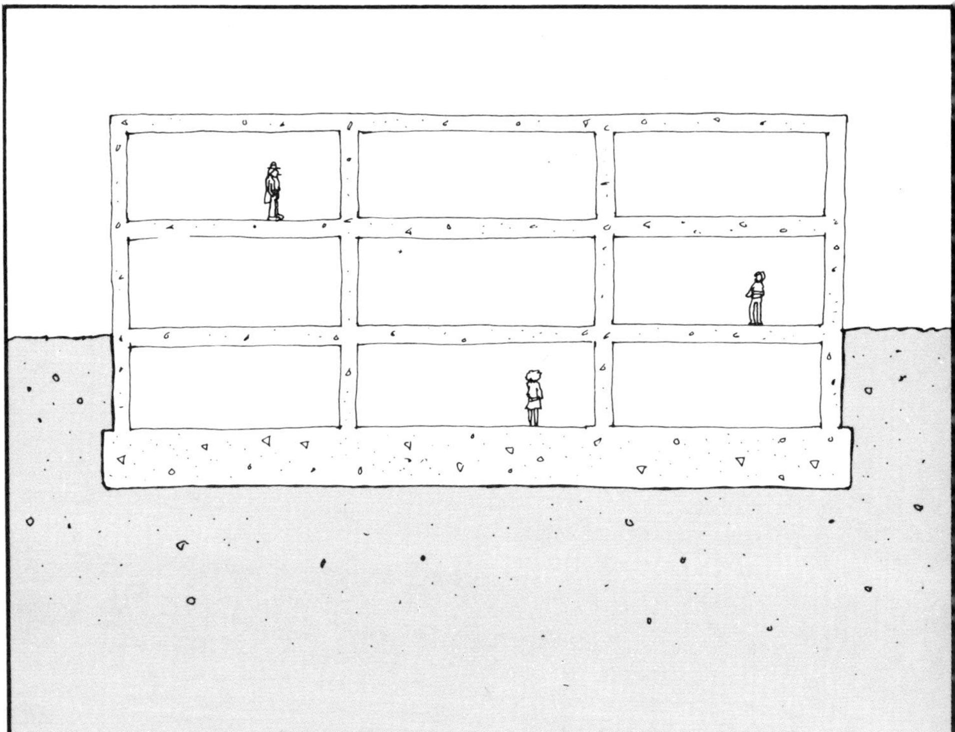

LAJE FLUTUANTE

A laje flutuante é apenas uma extensão da sapata: ao invés de várias sapatas separadas, uma única laje de concreto armado sustenta todo o edifício. Ela é empregada quando o solo é de natureza instável e quando a carga a ser distribuída na laje não é grande demais em relação à superfície da obra.

Um segundo método para fundar um edifício sobre solo instável consiste em construir sobre estacas de atrito que são cravadas verticalmente ou obliquamente no solo dependendo do caso. Uma estaca de atrito não atinge o solo adequado, e a sua estabilidade deve-se somente à pressão ou ao atrito entre a super-

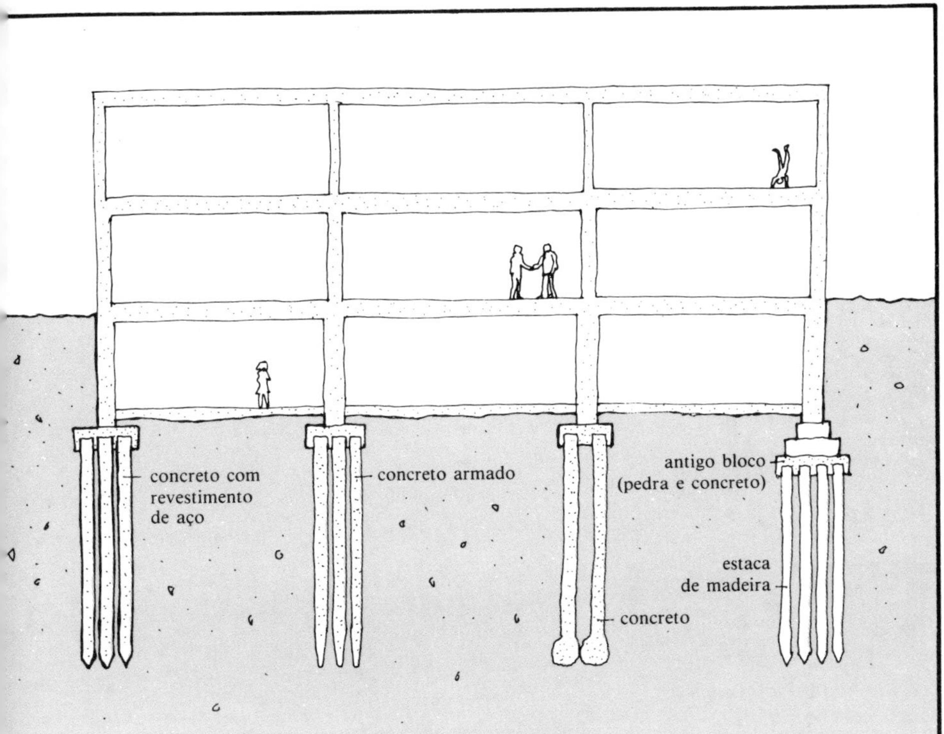

ESTACAS DE ATRITO

fície da estaca e o solo em que é cravada. Essas estacas são utilizadas em linhas ou grupos, conforme a sustentação das paredes ou dos pilares. São enterradas na profundidade desejada, e suas cabeças ligadas por um bloco de concreto, que atua como uma sapata e distribui a carga entre as estacas. Hoje, a maioria das estacas de atrito são de concreto e de aço, mas desde a Roma antiga até o século XX foram empregados troncos de árvores descascados. Uma estaca de madeira (piloti) mantida no nível do lençol freático, portanto saturada de água, pode durar indefinidamente; mas se o nível abaixar a madeira seca e se fragmenta.

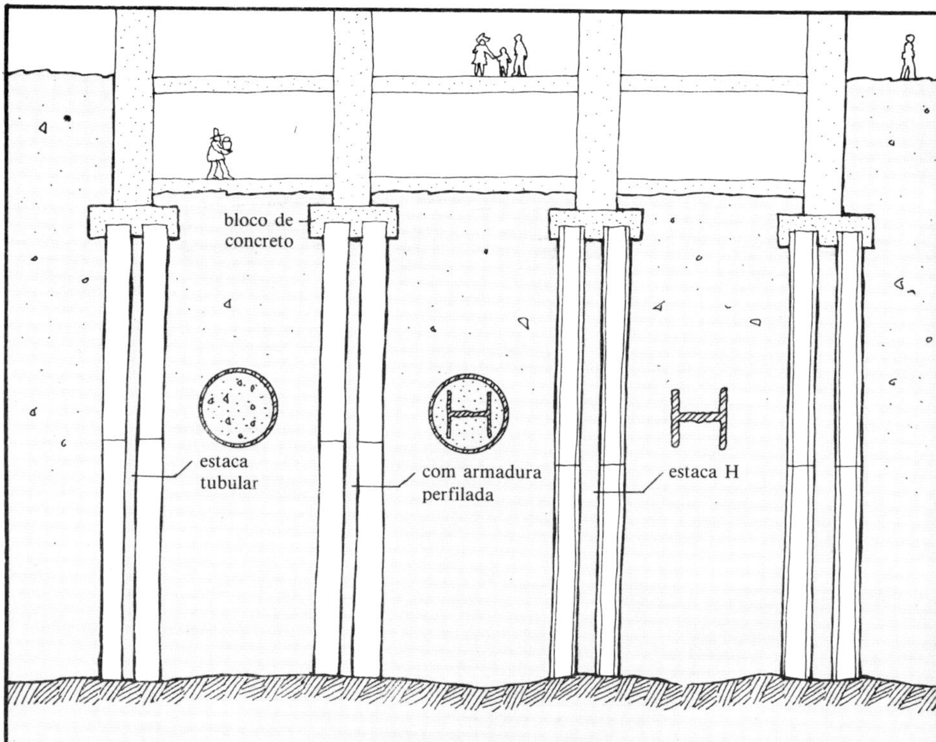

ESTACAS DE SUPORTE

Uma estaca de atrito transmite a carga por toda sua extensão, ao passo que uma estaca de suporte é concebida para transmitir a carga até o solo adequado (argila ou rocha por exemplo). Portanto, essas estacas são muito mais longas, e algumas podem descer até mais de 60 metros. A maioria é de aço ou de concreto; as menores podem ser de madeira. Os modelos mais utilizados nas fundações profundas são as estacas tubulares de aço (tubo de aço que é colocado e preenchido de concreto) e as estacas H ou IPN (viga de aço cuja secção tem a forma de um H). Nos dois casos, as estacas são cravadas por partes e dispostas em grupos, reunidas por um bloco de concreto armado.

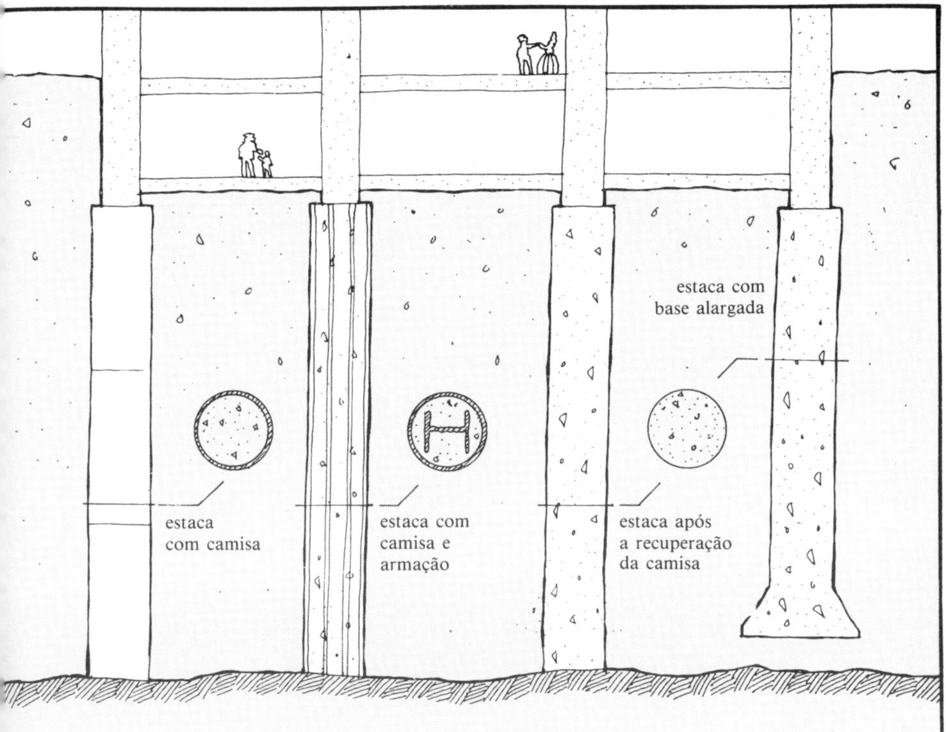

ESTACAS MOLDADAS NO LOCAL

As estacas moldadas no local, assim como as estacas de suporte, transmitem a maior parte da carga até o solo adequado. Podem ter qualquer forma: faz-se um furo e despeja-se concreto. Se a estaca não repousa na rocha, sua base é geralmente alargada para aumentar a superfície em que a carga é distribuída.

Durante a perfuração, o poço recebe uma cobertura de madeira ou de aço para evitar os desmoronamentos. Essa cobertura pode ser deixada no local ou recuperada quando se despeja o concreto. Uma única estaca moldada no local substitui um grupo de estacas comuns, logo, dispensa um bloco em seu topo.

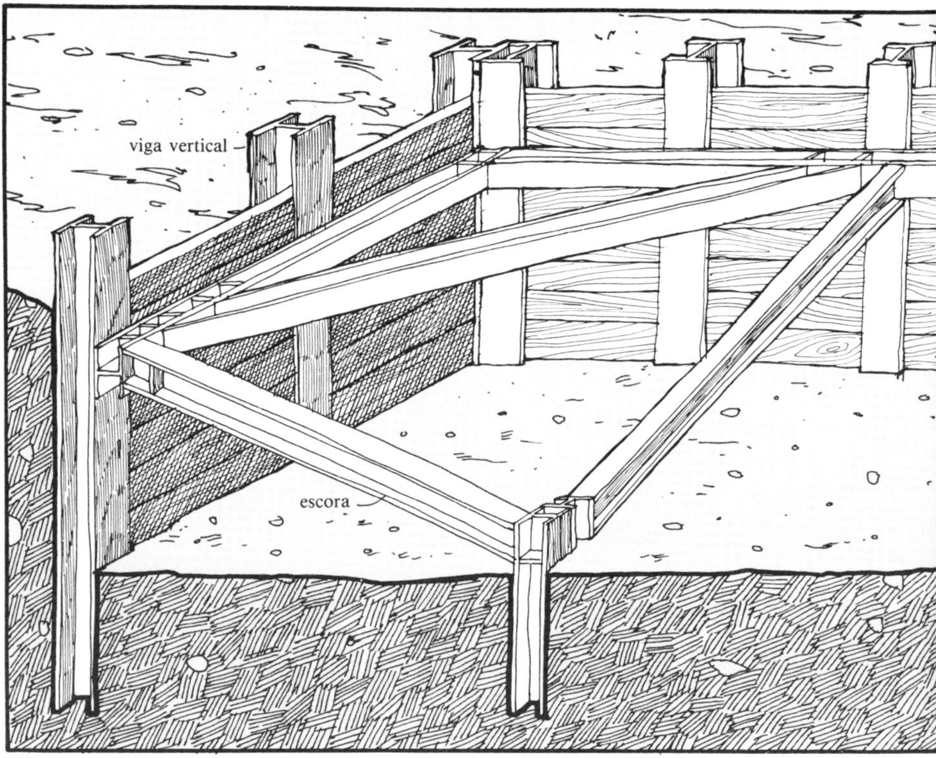

Antes do início da construção, é retirada uma grande porção do solo. São dois os motivos para essa operação de escavação. Primeiro, ela permite construir as fundações num nível inferior, num solo geralmente mais estável. Segundo, se for preciso empregar estacas, a profundidade em que se deve cravá-las ou moldá-las é, assim, automaticamente reduzida.

Antes de se proceder à escavação, é necessário tomar várias precauções para garantir a estabilidade dos edifícios vizinhos. A carga sobre as fundações cria uma pressão no subsolo circunvizinho que é sentida à distância. Desta forma, uma escavação sem controle pode danificar mesmo edifícios situados a vários metros de distância.

Quando a escavação tiver de ser profunda, com tabiques ver-

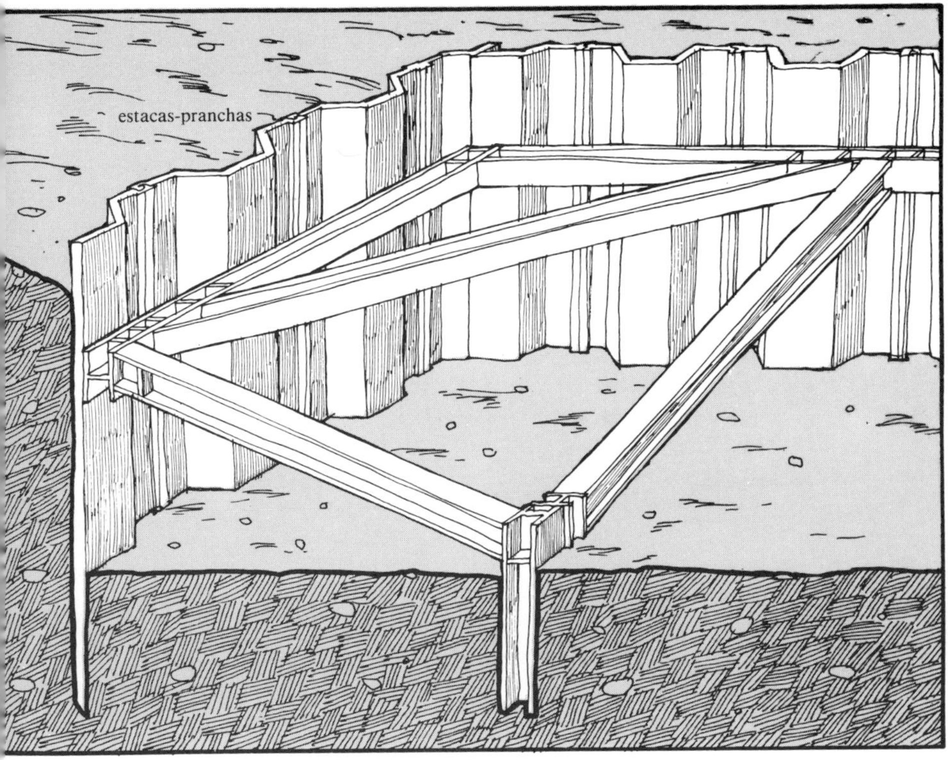

ticais, todo o terreno deve, logo de início, ser cercado por um muro de arrimo. Esse muro, uma vez bem escorado, resistirá à tendência de desmoronamento do solo, mantendo assim a estabilidade de toda a área. Se o muro é de aço, madeira ou de ambos, trata-se de um escoramento. Um exemplo de escoramento consiste em vigas de aço verticais, cravadas no solo a intervalos regulares ao redor do terreno; à medida que a terra é retirada, inserem-se horizontalmente pranchas entre as vigas. Um outro tipo consiste em elementos de aço justapostos (estacas-pranchas), instalados antes da escavação.

Nos dois casos, à medida que se cava, o escoramento é amparado por vigas oblíquas (escoras) ou por tirantes fixados fora da escavação, no solo ou na rocha.

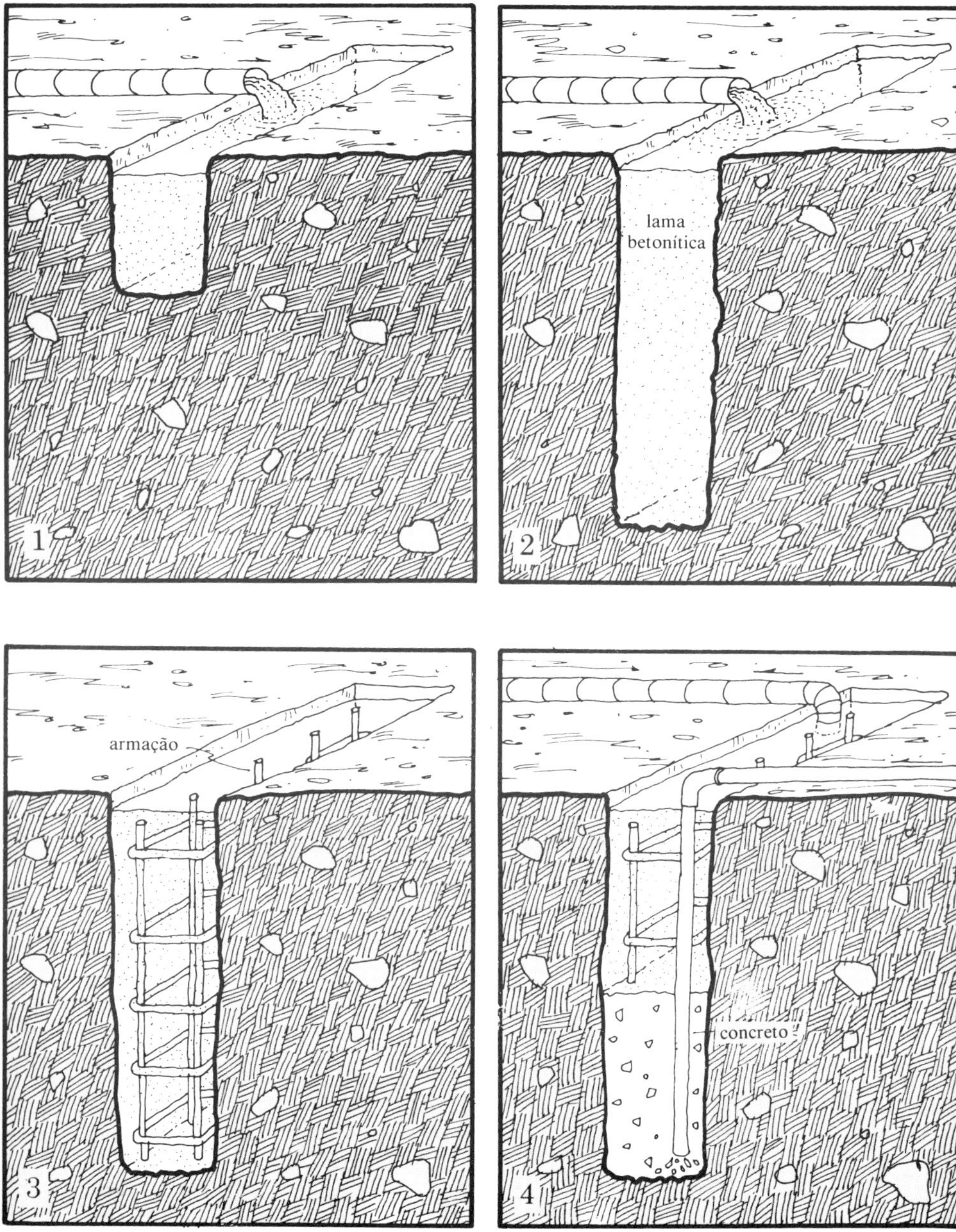
1
lama
betonítica
2
armação
3
concreto
4

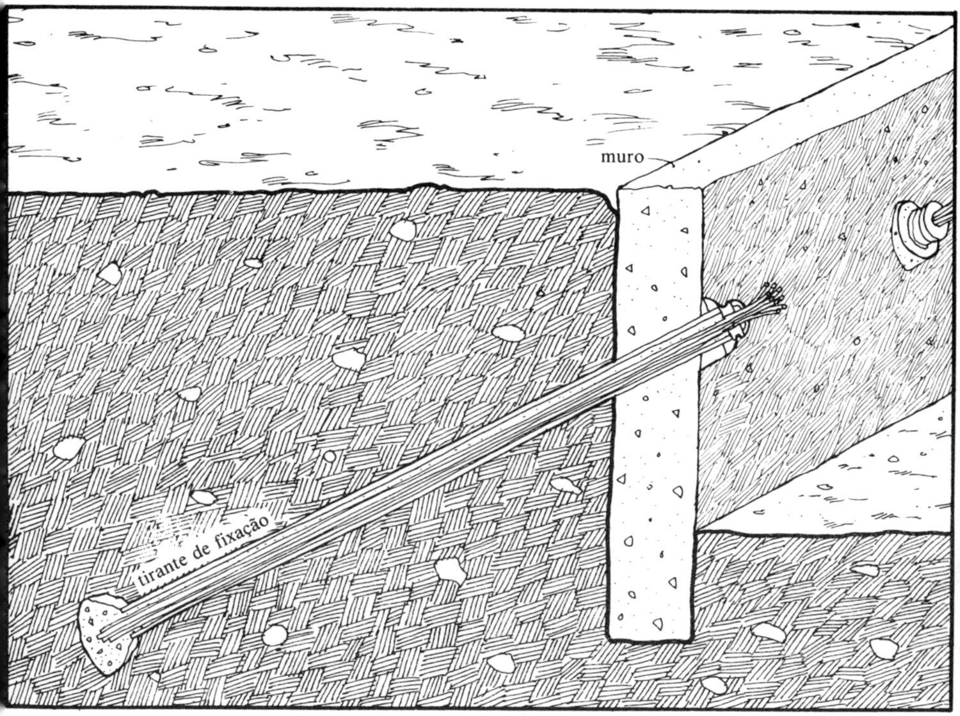

Um outro procedimento para cercar o terreno antes da escavação consiste em construir uma parede de concreto que desce até a rocha ou até um nível inferior ao das novas fundações. A trincheira deve ser cavada sem revestimento e sem escoras, pouco práticos em tal profundidade: à medida que ela penetra no solo, é preenchida com uma lama especial, espessa o suficiente para impedir que as paredes desmoronem e para evitar igualmente qualquer mudança no equilíbrio geral do solo. A trincheira é cavada por trechos de seis metros. Quando a profundidade for suficiente, introduzem-se na lama as armações já montadas. A seguir, o concreto é injetado na trincheira por um tubo de aço; à medida que o seu nível sobe, a lama é empurrada para cima, e depois bombeada para reservatórios a fim de ser reutilizada. Ao endurecer, o muro fica fixado no solo ou na rocha.

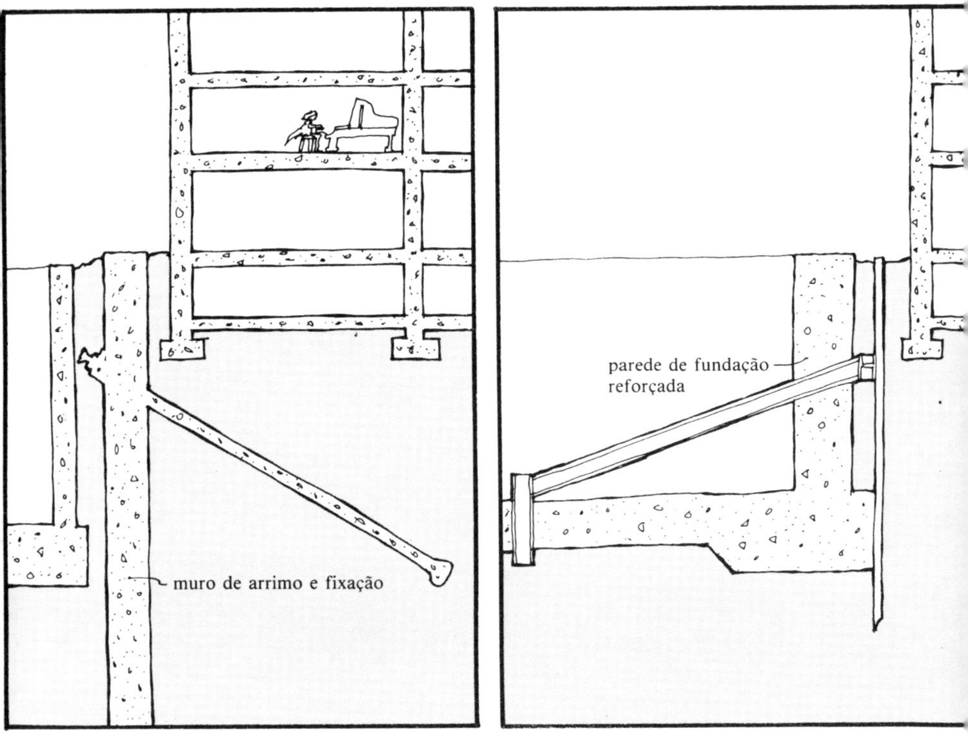

O sistema da trincheira com lama e as estacas-pranchas são freqüentemente utilizados nas áreas onde o lençol freático é alto. Nesse caso, também são empregados tubos (tubos de drenagem), enterrados no solo até o fundo da escavação. São ligados a bombas que retiram a água para manter um nível sob controle. Mas, para essa operação, são necessárias muitas precauções: se, na escavação, bombearmos sem parar, podemos provocar o rebaixamento do nível do lençol freático em toda vizinhança; uma sensível diminuição da quantidade de água no solo pode aumentar a compacidade, o que pode afetar, por conseguinte, a estabilidade das fundações existentes. Por isso, às vezes é necessário injetar água na área vizinha com outros tubos de drenagem, ao mesmo tempo que se bombeia o próprio canteiro.

O último problema importante a ser resolvido antes de iniciar o trabalho manifesta-se quando um edifício vizinho tem uma

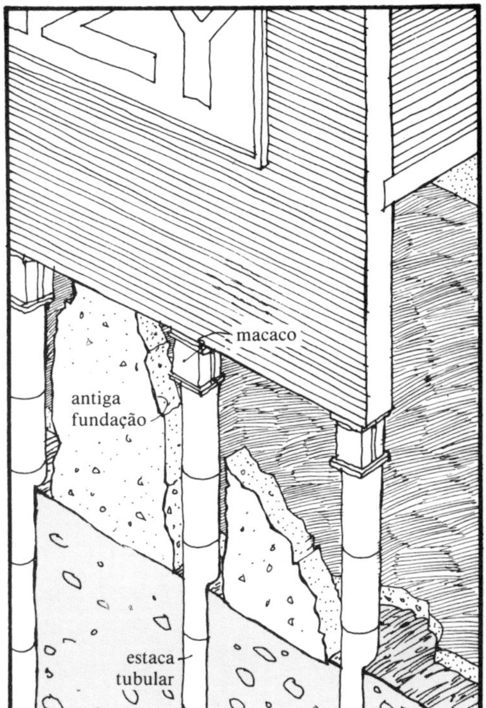

fundação situada a um nível mais elevado que o fundo da escavação prevista. A fundação já existente, de fato, tende a cair na escavação vizinha.

Esta pressão lateral pode ser neutralizada de várias maneiras; a partir de uma trincheira com lama, pode-se construir e fixar um muro ao lado do antigo edifício, ou instalar uma cortina de estacas-pranchas e construir para o novo edifício uma fundação bem reforçada para resistir às pressões laterais e verticais. Há ainda o método do suporte de fundação, que consiste em colocar um reforço provisório sob o antigo muro enquanto se reforçam ou substituem completamente as antigas fundações. É possível utilizar vigas de aço horizontais (vigas transpassadas) que passam sob o muro, ou estacas-tubo que são enterradas sob a fundação. Nos dois casos, o solo não recebe o peso do muro; pode-se então escavar naquele local e construir uma nova fundação.

Eis, portanto, as precauções que devem ser tomadas antes de se iniciar a construção das fundações dos quatro edifícios do cruzamento. No canteiro nº 1, o terreno é escavado gradualmente até que se alcance um solo bastante estável. Se para isso foi preciso ultrapassar a profundidade prevista para a fundação, o fundo da escavação é reconstituído com terra compactada, pedregulhos ou brita. A seguir, são implantados paredes e pilares. São escavadas cavidades com base retangular e com paredes oblíquas sob os pilares principais para aumentar a espessura da laje.

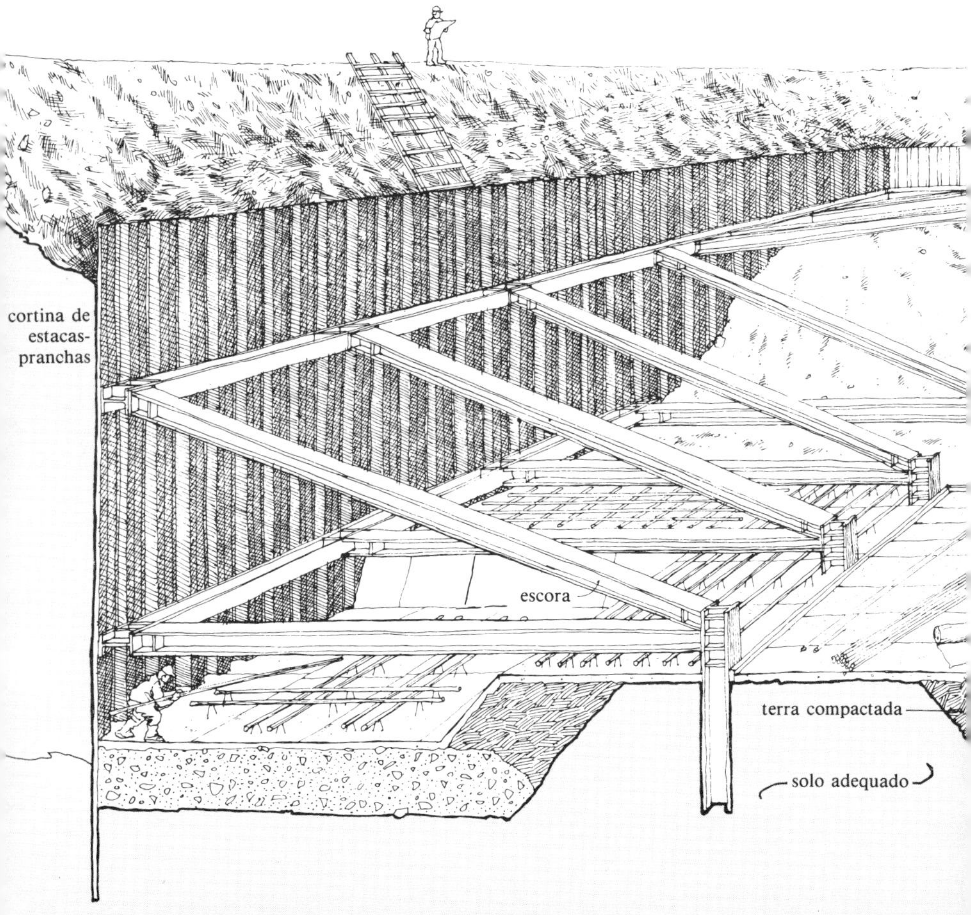

O fundo da escavação é cuidadosamente preparado para servir de fôrma à laje de concreto. Em certos casos, o solo é revestido por uma camada de concreto com cerca de dez centímetros de espessura (concreto de regularização) para obter uma fôrma mais sólida e mais eficaz. Antes de fundir a laje, sempre se estende no solo uma folha de plástico impermeável (manta de impermeabilização). Finalmente são instaladas sucessivas fileiras de armações alguns centímetros acima da manta de impermeabilização.

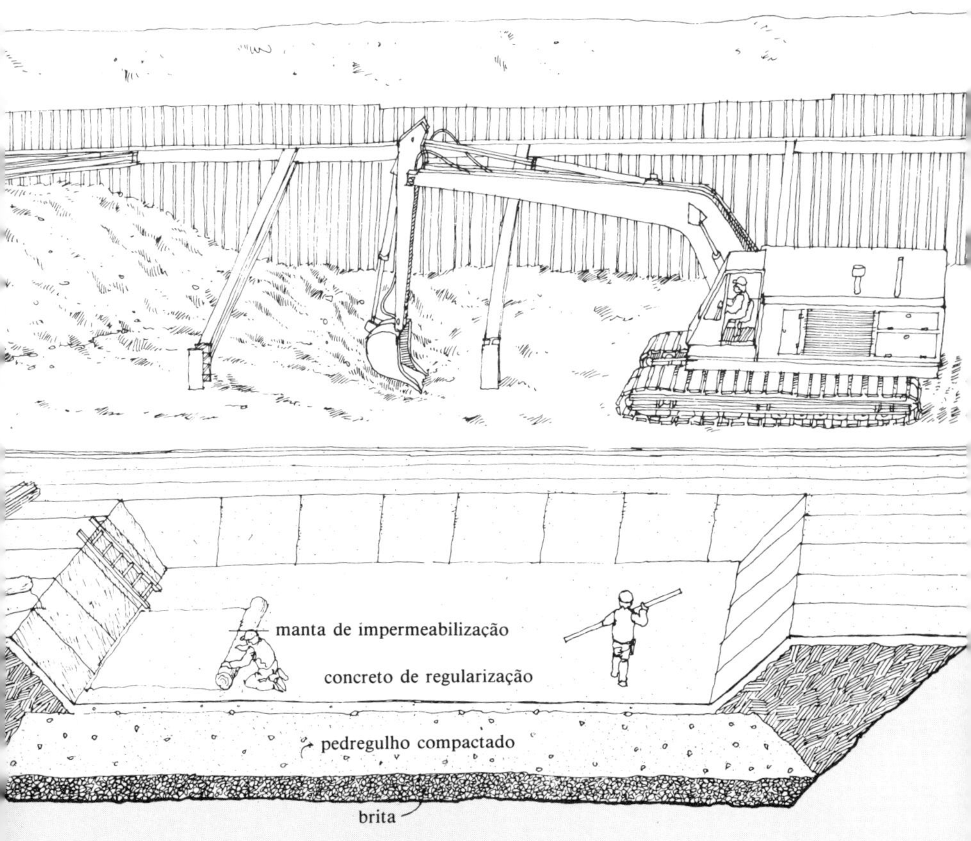

Em virtude de suas dimensões e de sua espessura, a laje é fundida pouco a pouco. Quando, num determinado ponto, a armação está pronta, é envolta por uma fôrma vertical onde se verte o concreto através de um tubo flexível de modo que não fique qualquer espaço vazio. Quando ele estiver suficientemente endurecido, iniciam-se as construções dos pilares e das paredes que re-

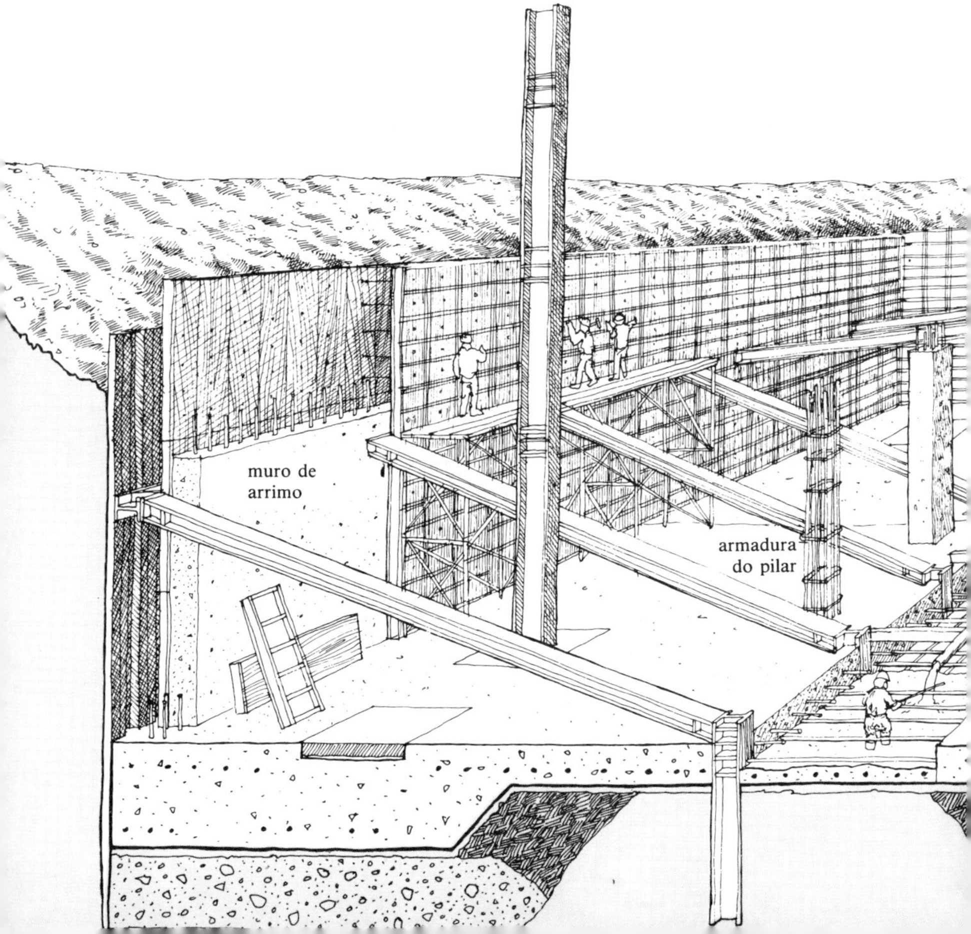

pousarão na laje. Sob cada pilar, é encaixada na laje uma espessa placa de aço bem horizontal; ela é necessária para que o pilar não perfure o concreto. Os pilares são fixados nas placas e, em todo o contorno da laje, ergue-se um grande muro de arrimo de concreto. Depois de seco, ele recebe um revestimento em material impermeável na face externa.

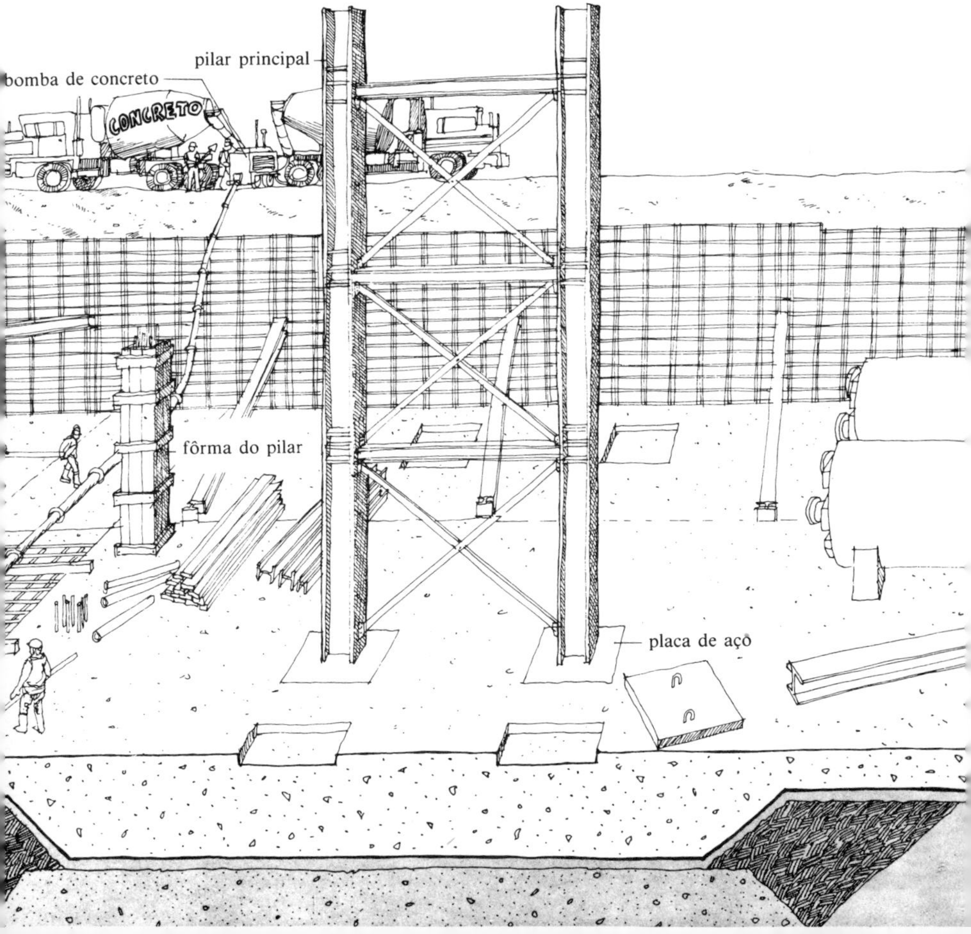

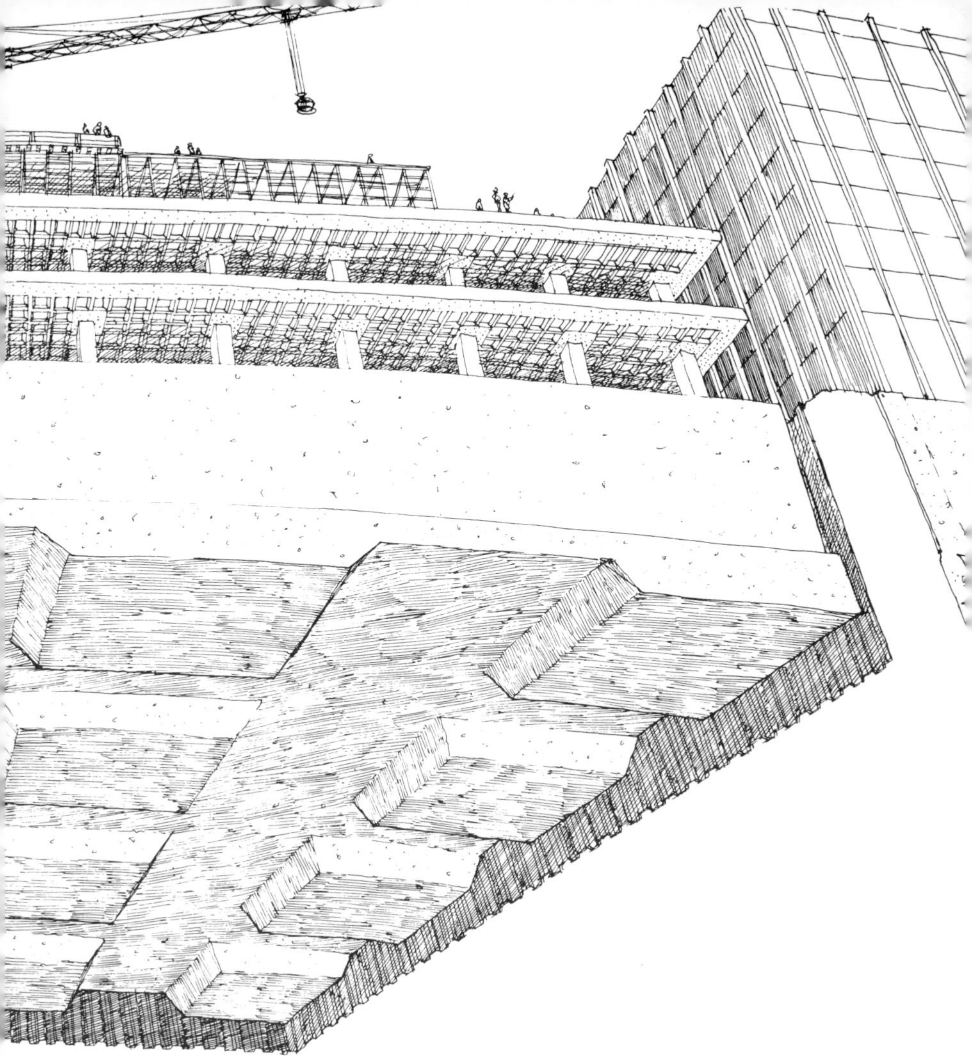

Depois dessa operação, o espaço entre o muro de arrimo e as estacas-pranchas é entulhado com terra compactada e pedregulhos.

Concluída a construção das fundações, as estacas-pranchas são recuperadas ou simplesmente cortadas abaixo do nível do solo.

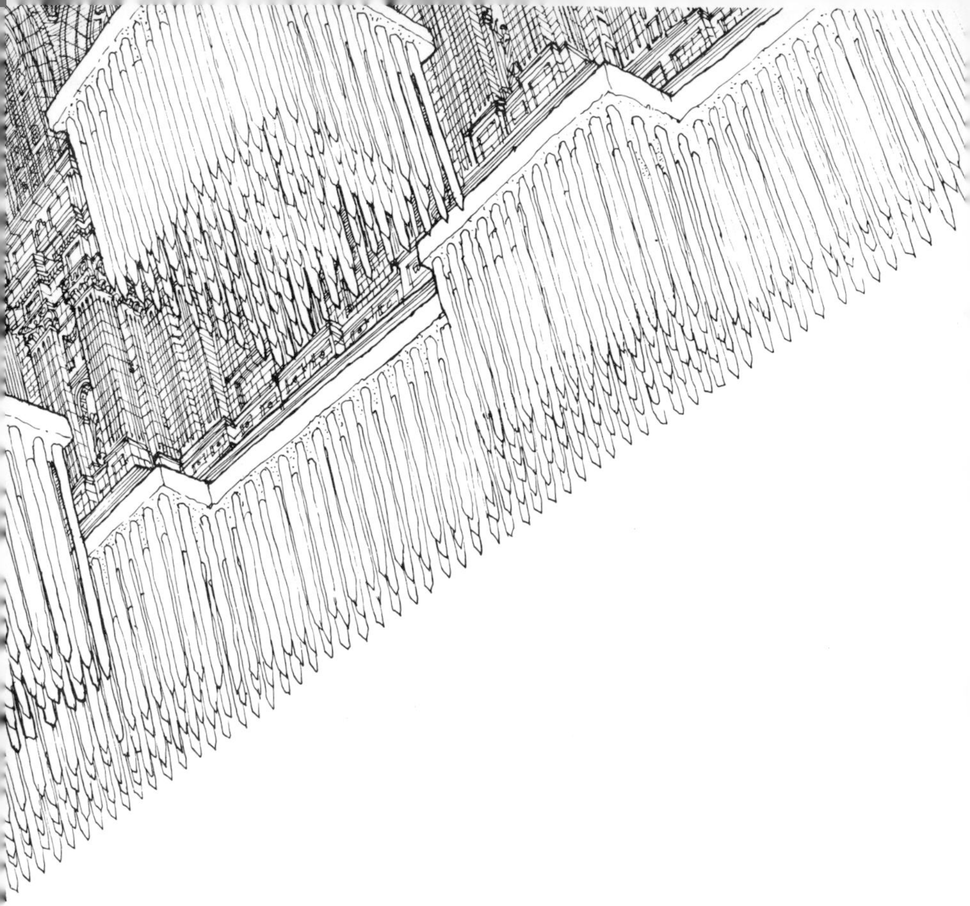

O edifício nº 2 é o mais antigo do cruzamento, o único construído em pedra; as paredes e pilares repousam em estacas de atrito de madeira.

ANTIGO
BATE-ESTACAS

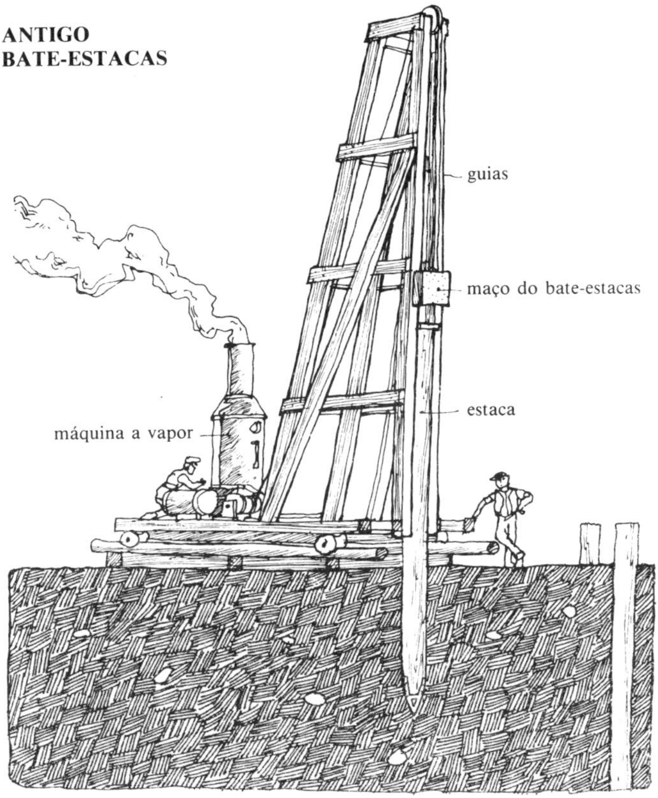

Crava-se uma estaca no solo através de pancadas repetidas de um peso (maço do bate-estacas) que se desloca acima dela entre guias. Geralmente são realizados vários testes de cravação de estacas em diferentes pontos. Realizando-se testes de carga e medindo-se a compressão é possível determinar a capacidade de sustentação de cada estaca em cada lugar.

A enorme concentração de peso sob cada um dos quatro pilares principais requer o emprego de centenas de estacas. Estas são cravadas a uns 60 centímetros uma da outra, até uns quinze metros de profundidade. Os grupos de estacas são encimados por um bloco de concreto com armação de madeira e, depois, por blocos de granito. As paredes externas do edifício repousam em blocos do mesmo gênero, colocados sobre fileiras paralelas de estacas.

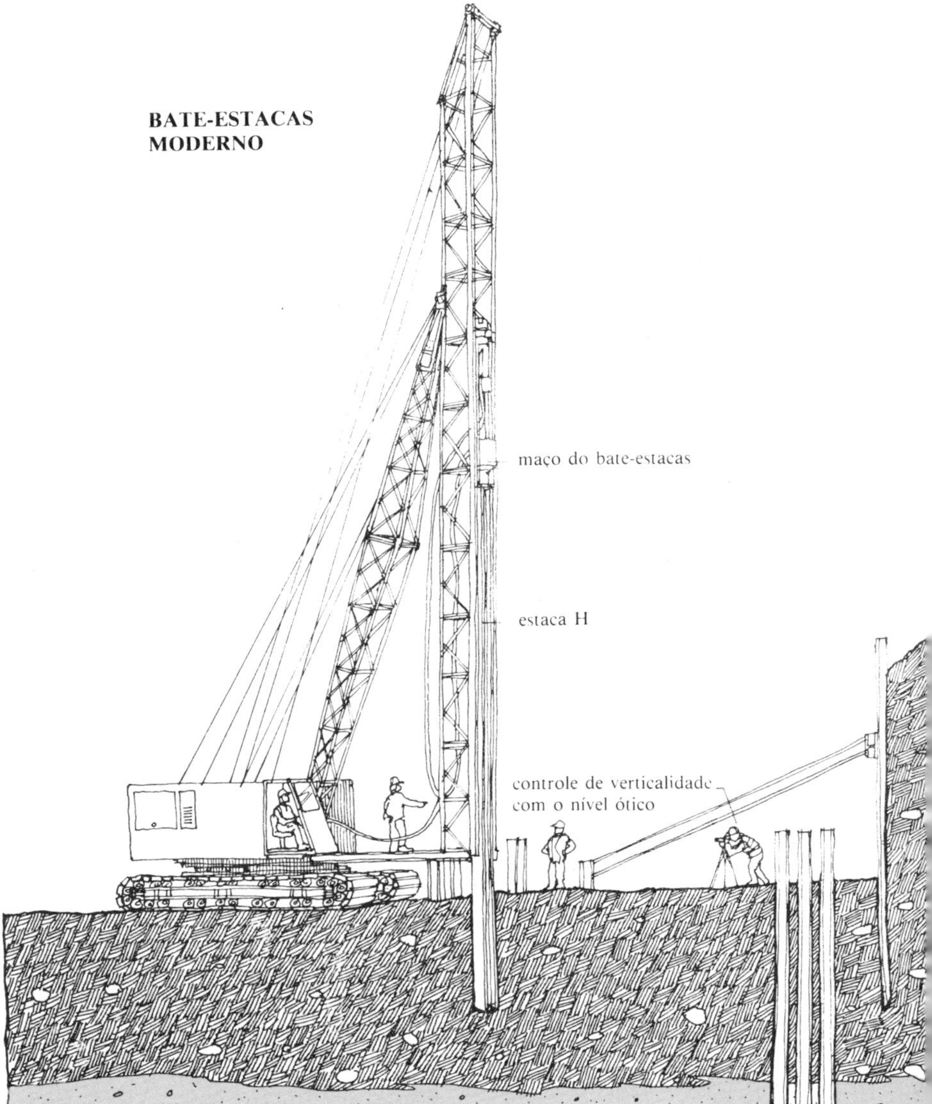
BATE-ESTACAS
MODERNO
maço do bate-estacas
estaca H
controle de verticalidade
com o nível ótico

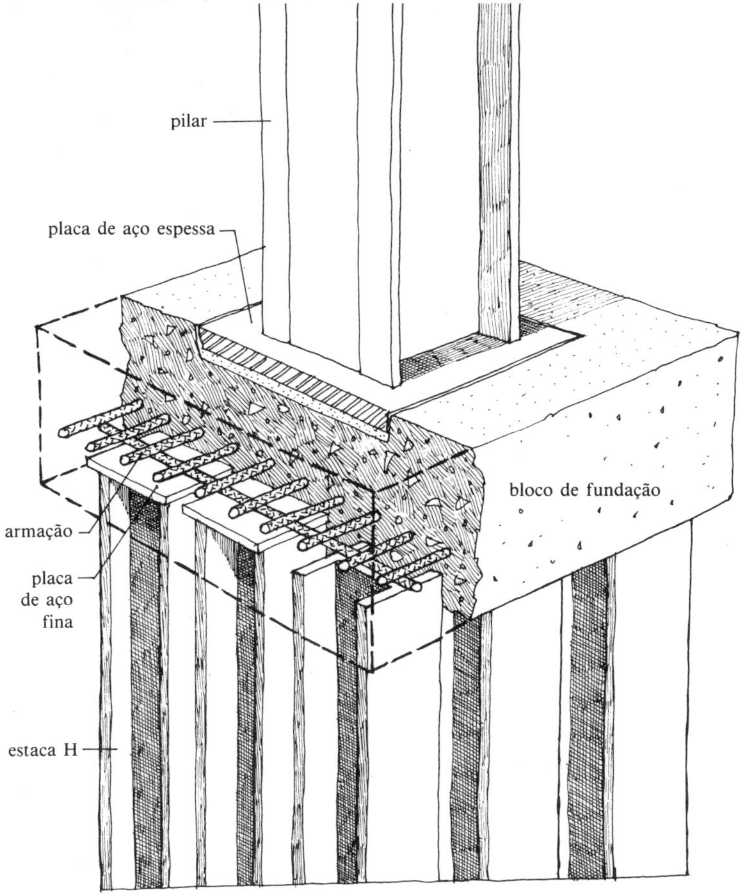

O edifício nº 3 ergue-se sobre grupos de estacas H que descem até a rocha. Quando a escavação termina, os pilares são implantados no solo, e o alinhamento verificado. Assim que se crava um elemento da estaca, um outro é soldado a ele até que se atinja a profundidade desejada. Quando todas as estacas de um grupo estão colocadas, suas cabeças são cortadas no mesmo nível, e o concreto para o bloco de fundação é despejado. Ao mesmo tempo, instala-se ao redor da escavação a sapata que receberá o muro de arrimo de concreto. Quando a sapata e todos os blocos estão prontos, pode-se despejar o concreto para o piso inferior do edifício.

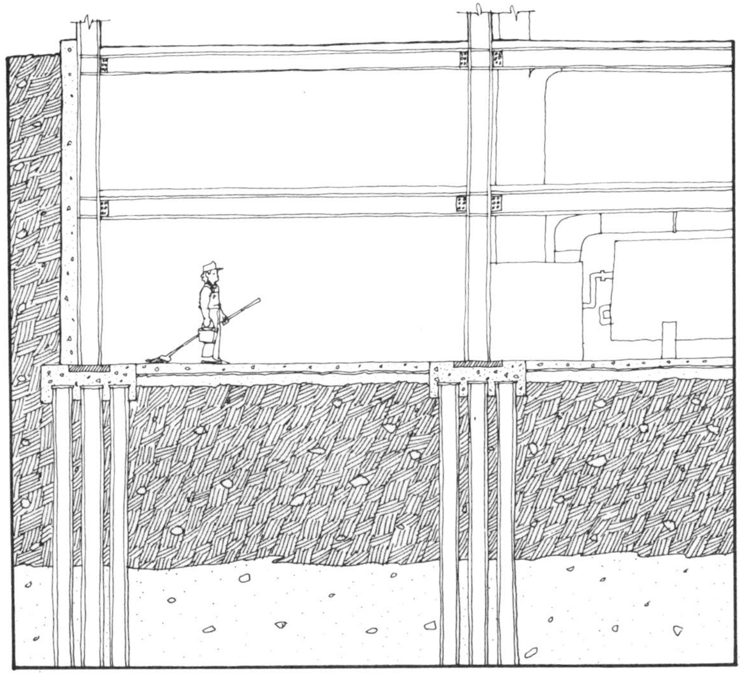

O resto do solo entre a parede e os blocos é nivelado e recoberto, antes de mais nada, por uma camada de pedregulhos e depois por mantas de impermeabilização. Em seguida, colocam-se as armações e, finalmente, despeja-se o concreto. À medida que se conclui cada porção do piso inferior dá-se início ao preparo da fôrma e ao escoamento do concreto da porção correspondente à parede externa e aos pilares dos andares subterrâneos.

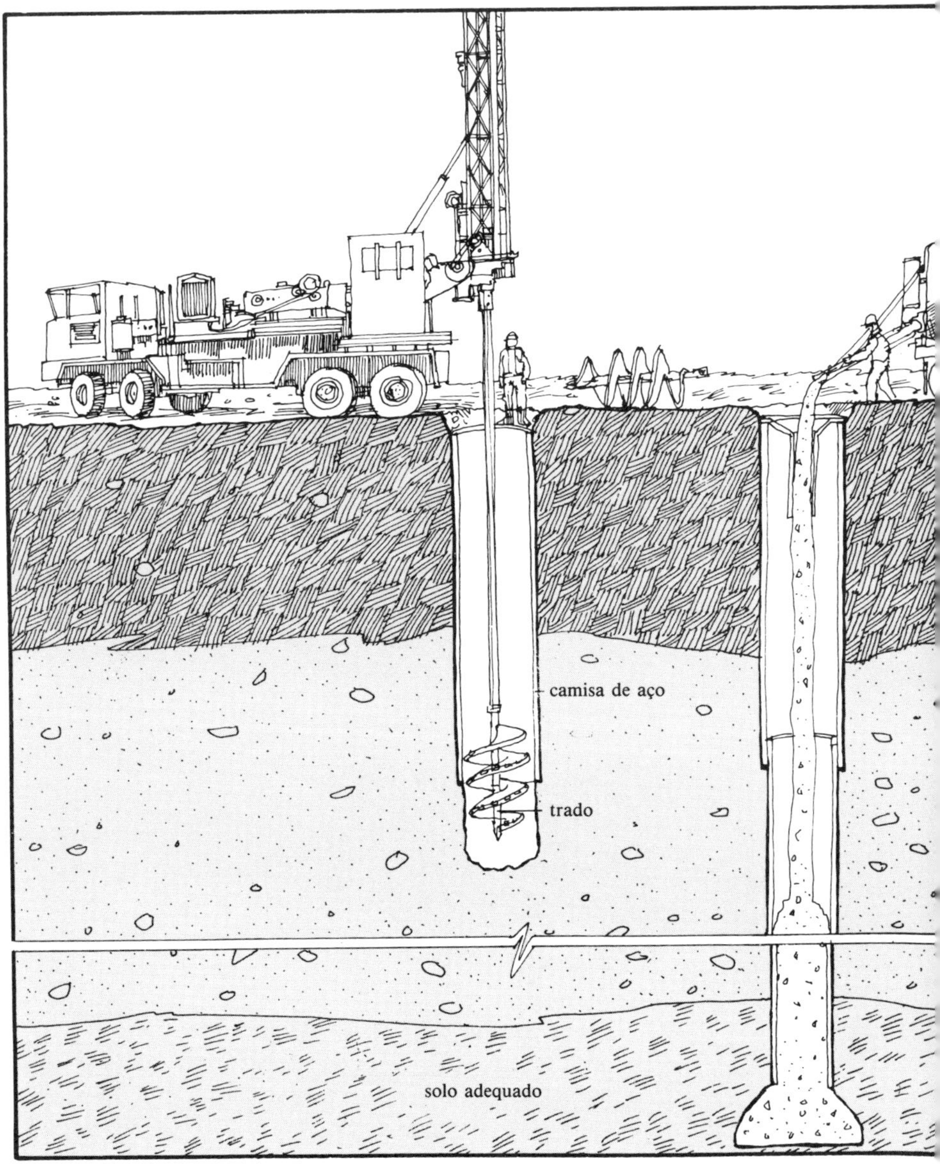
camisa de aço
trado
solo adequado

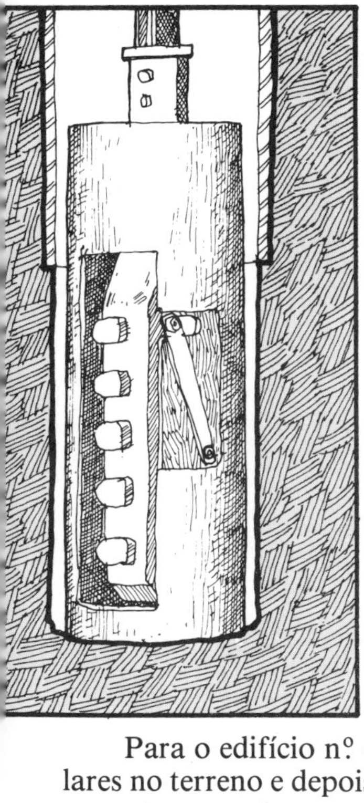 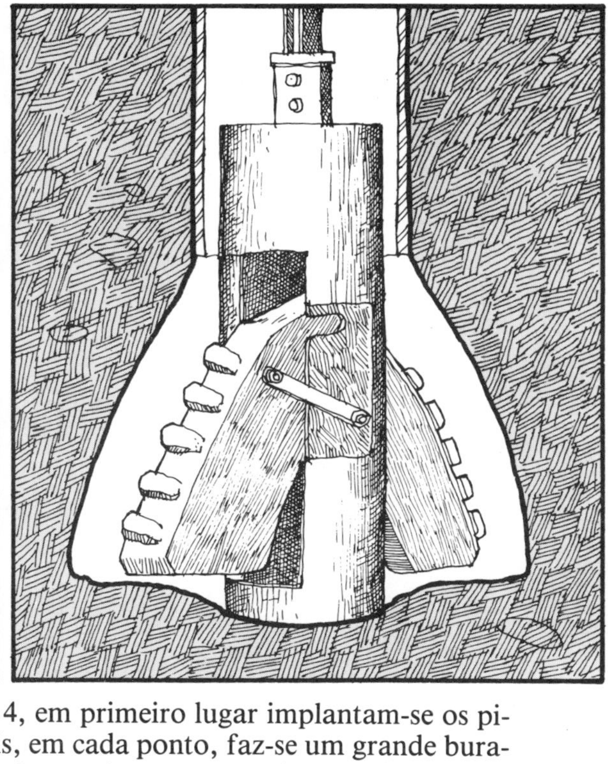

Para o edifício nº 4, em primeiro lugar implantam-se os pilares no terreno e depois, em cada ponto, faz-se um grande buraco com um trado; quando esse instrumento gira, sua lâmina em espiral enche-se de terra; de vez em quando, ele é retirado do buraco de onde traz uma porção de desentulho. Durante a perfuração, desce-se uma camisa (trata-se aqui de um tubo de aço) para impedir desmoronamentos. Quando a cabeça do tubo atinge o nível do solo, faz-se deslizar um segundo tubo, mais estreito, no interior do primeiro, e se reduz também em proporção o diâmetro do trado. A operação é repetida tantas vezes quanto forem necessárias.

Essas estacas não descem até a rocha; é preciso, portanto, alargar suas extremidades. O trado é então substituído no poço por um instrumento especial que, quando gira, deixa sair duas abas e abre uma cavidade ou uma base alargada. Quando esta atinge o diâmetro necessário, enche-se o poço de concreto, e cada elemento da camisa é retirado, começando pelo mais estreito.

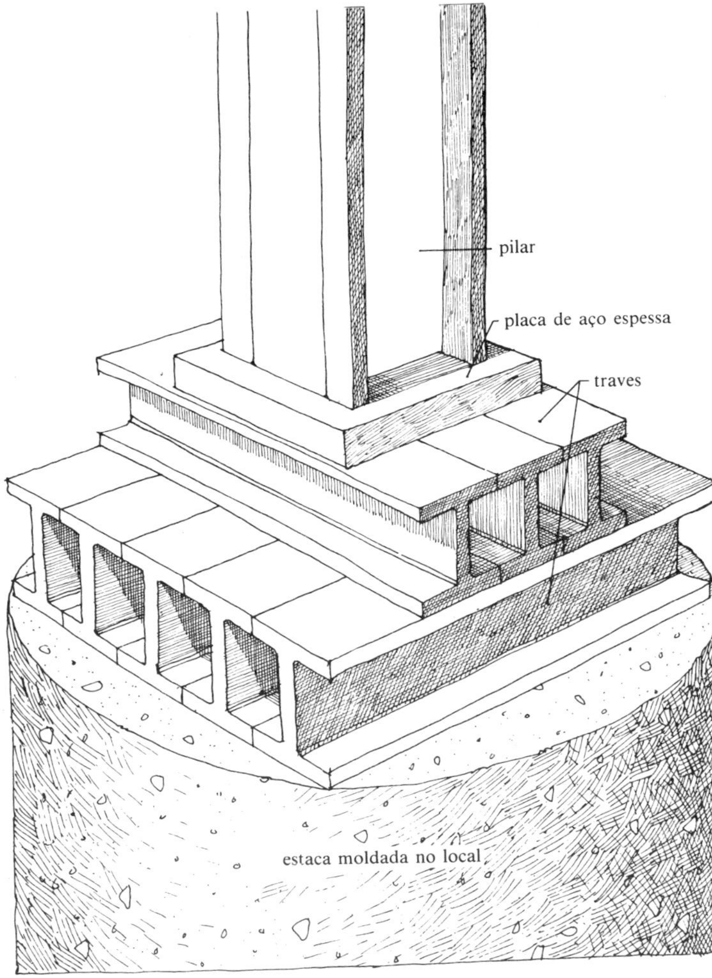

Quando o nível do concreto atinge o topo da estaca, nele são colocadas as armações.

Assim que o concreto seca, uma base de pequenas vigas de aço é fixada nessas armações; em seguida, coloca-se uma segunda base de vigas perpendiculares às primeiras. O conjunto formado por essas traves age como uma placa de aço e distribui a carga do pilar mais uniformemente na cabeça da estaca. Quando a construção das fundações termina, as traves são cobertas de concreto.

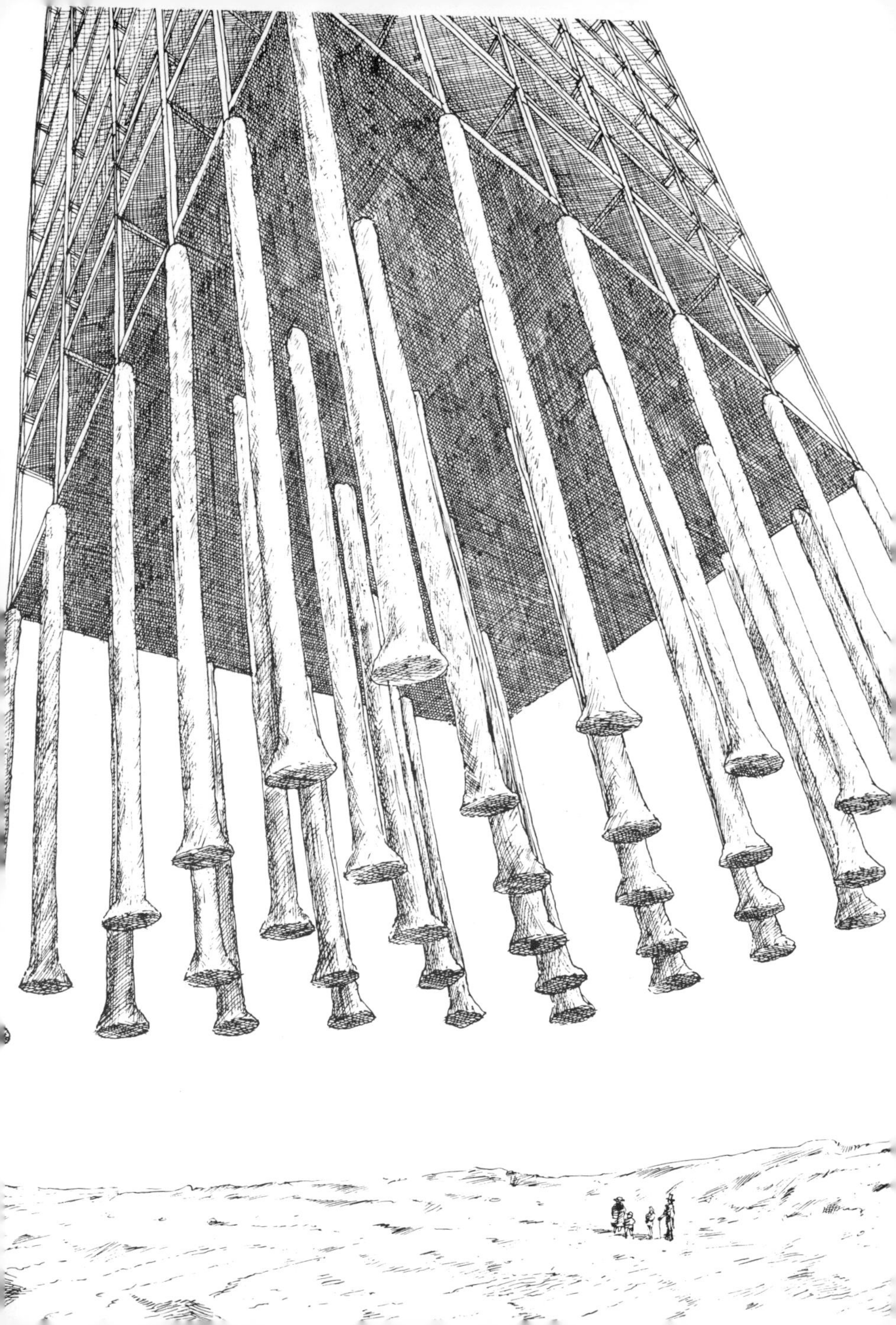

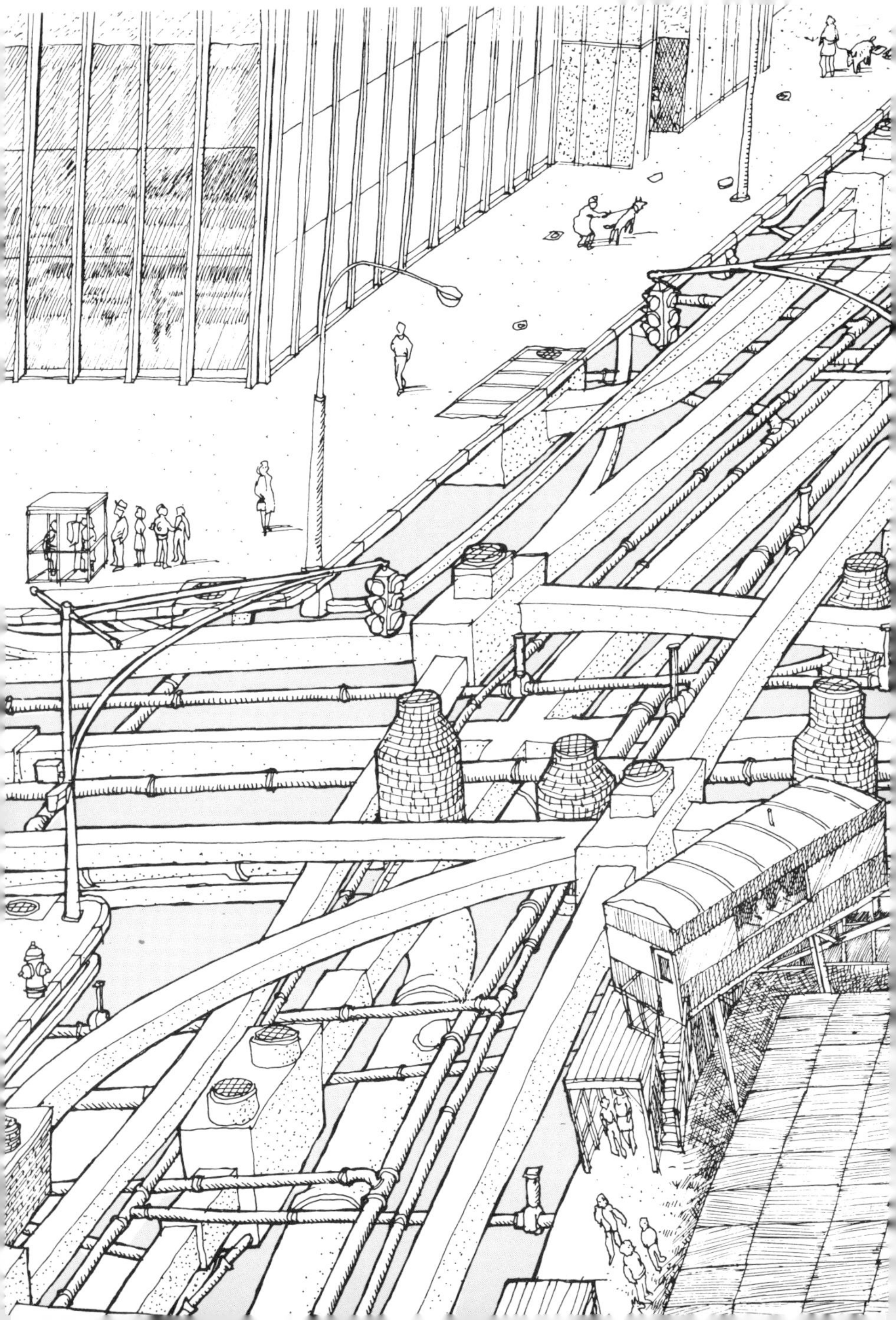

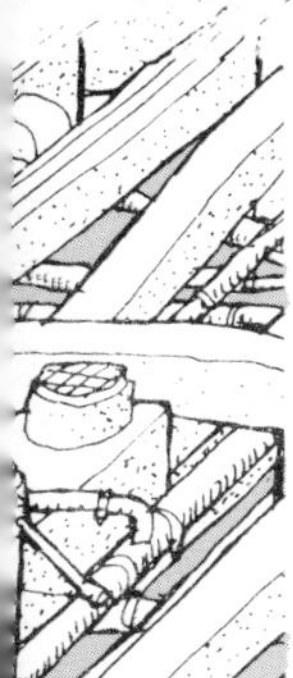

Sob um edifício encontra-se, portanto, tudo o que é necessário para a estabilidade da construção, enquanto, sob os leitos das ruas e calçadas, estão as redes necessárias à vida de seus habitantes. Essas redes de serviços públicos compreendem a água, os esgotos de água já usada e de água de chuva, a eletricidade, o aquecimento urbano, o gás e o telefone.

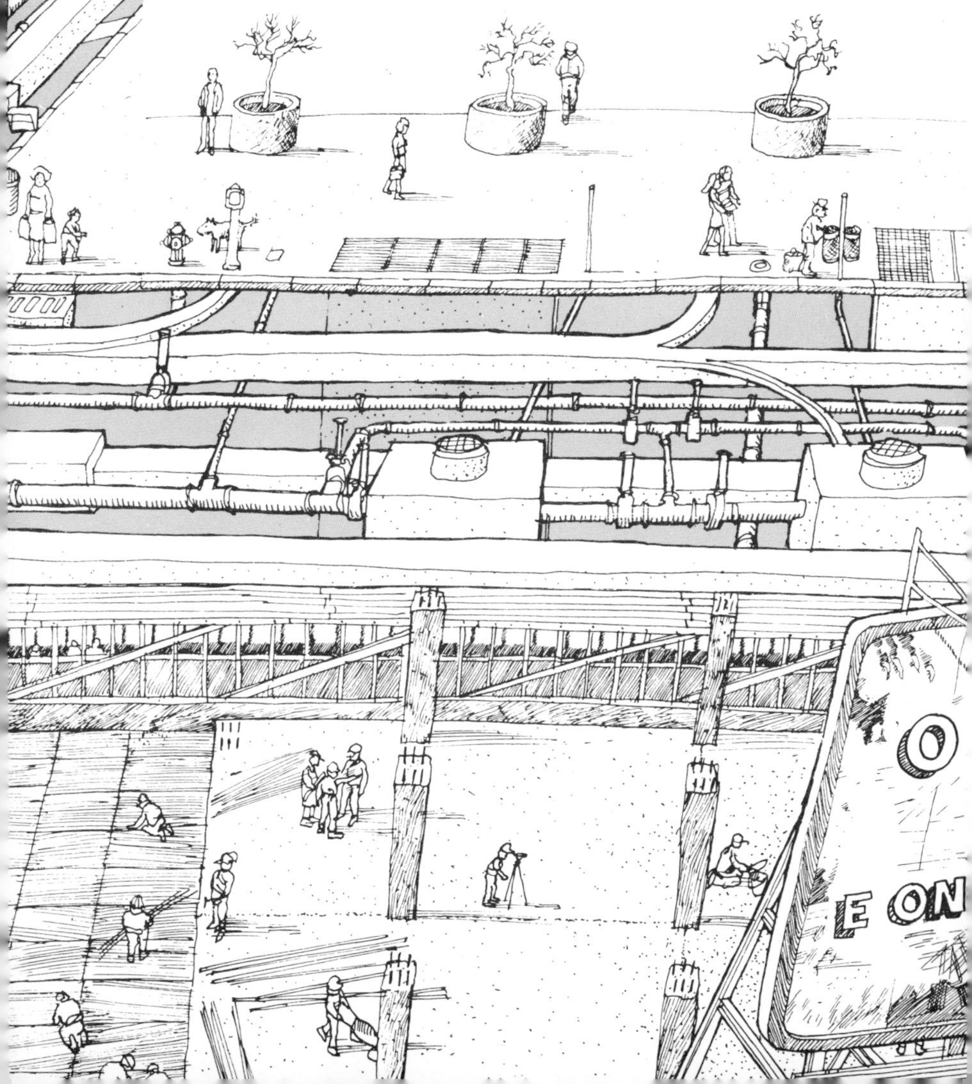

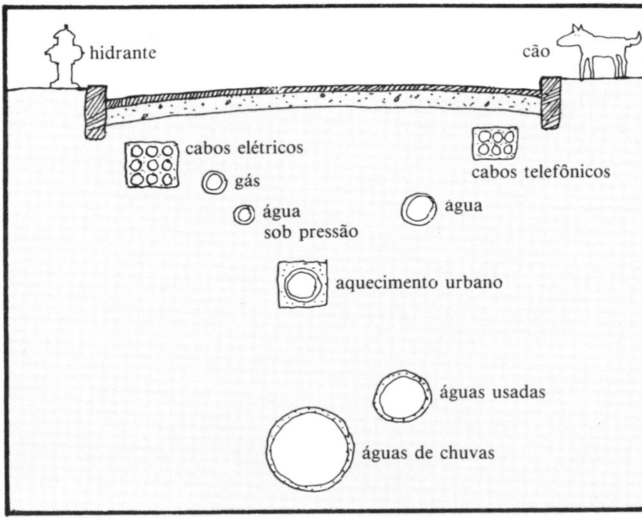

DISPOSIÇÃO TEÓRICA

Quando se projeta uma nova rua, é prevista uma localização adequada para cada rede em função de um planejamento conjunto. Os esgotos de água de chuva e de água usada são colocados bem embaixo e aproximadamente no meio da rua. Mais para cima, encontra-se a rede de aquecimento urbano que deve ficar pelo menos a dois metros de profundidade por causa do calor que ela emite. As tubulações de água e gás estão mais próximas da superfície e das laterais da rua ao passo que os cabos elétricos e telefônicos estão a apenas oitenta centímetros da superfície do solo. Mas numa zona em que são necessárias todas essas redes, é muito difícil que uma nova rua possa se ajustar completamente a essa disposição ideal. As redes subterrâneas desenvolveram-se pouco a pouco e de maneira desordenada. Geralmente, o problema é ampliar ou substituir instalações antigas: portanto, muitas vezes é necessário amontoar as coisas da melhor maneira no espaço disponível.

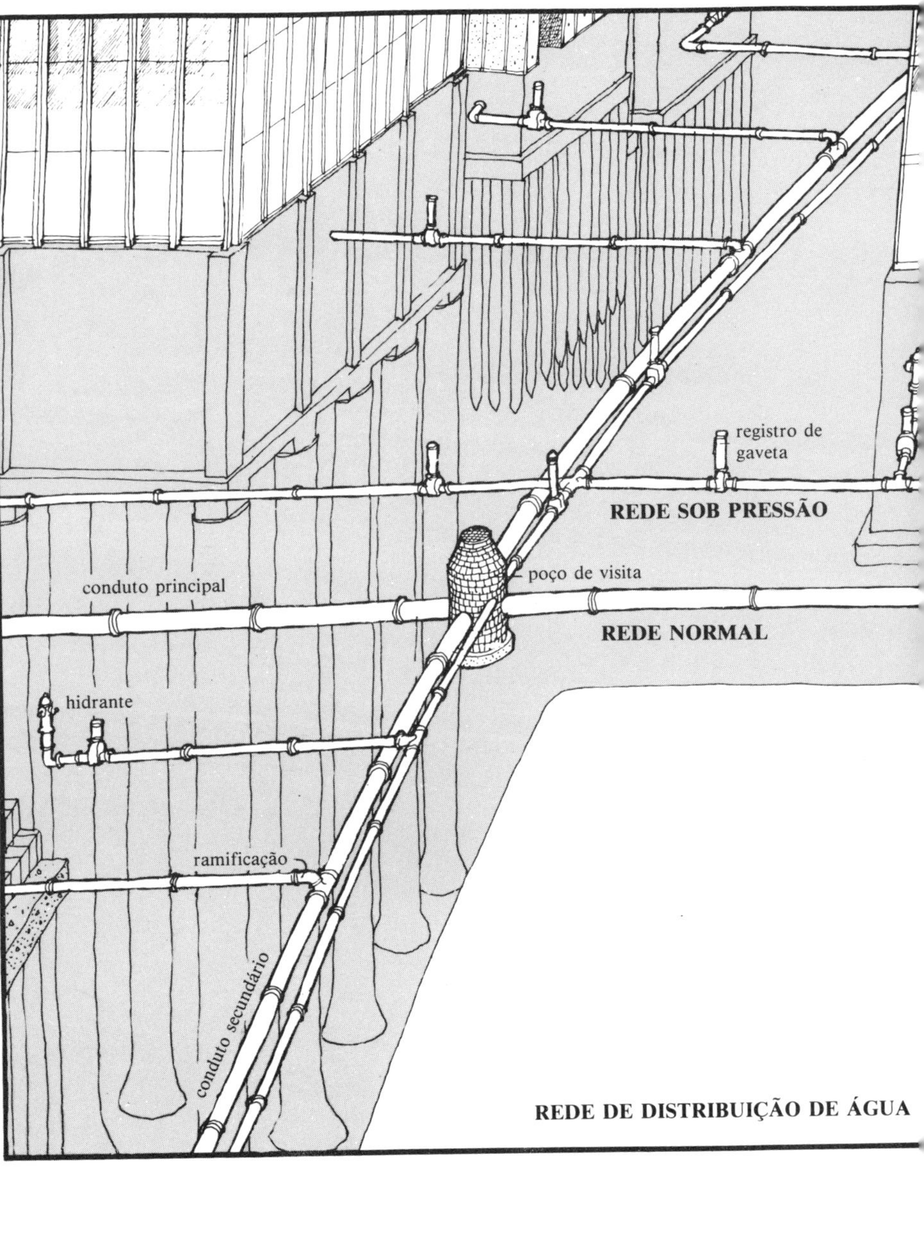
registro de
gaveta
REDE SOB PRESSÃO
poço de visita
conduto principal
REDE NORMAL
hidrante
ramificação
conduto secundário
REDE DE DISTRIBUIÇÃO DE ÁGUA

Numa cidade são fundamentais a construção e a manutenção de uma rede de distribuição de água. A água, conservada em reservatórios afastados da cidade, é transportada até os reservatórios urbanos por condutos e galerias muitas vezes enterrados a dezenas de metros de profundidade e dispostos, na medida do possível, num certo declive para assegurar um fluxo constante; se o declive for insuficiente, será preciso bombear a água. Na cidade, o tamanho e a complexidade da rede impedem que se conte só com a gravidade para manter a circulação da água: bombeia-se então, sem parar, a fim de manter uma pressão constante nos condutos e garantir uma boa distribuição em todos os bairros.

A maior parte da água, distribuída sob baixa pressão, serve as indústrias, comércio e residências. Muitas vezes, um conduto isolado com pressão alta abastece hidrantes, onde pode se necessitar com urgência de grande quantidade de água.

Os condutos principais, que se encontram sob as ruas, são de concreto, de aço ou de ferro fundido: eles levam a água das estações centrais de bombeamento até os diversos bairros; dos condutos principais saem os condutos secundários, que levam a água a cada rua; finalmente, ramificações cada vez mais estreitas ligam os últimos à instalação de água de cada edifício.

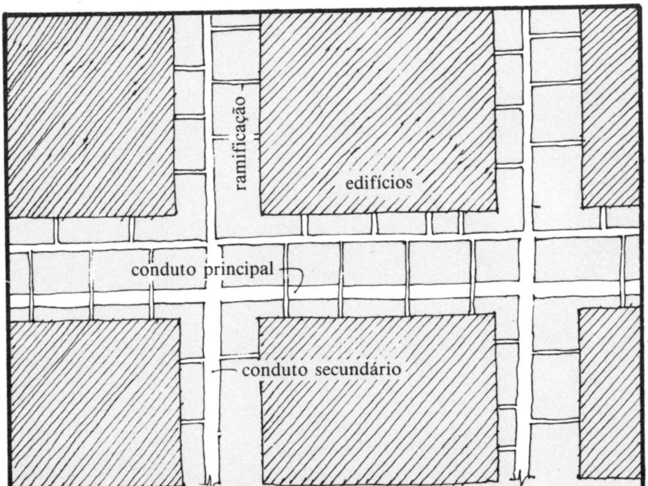

DISPOSIÇÃO TEÓRICA DA REDE

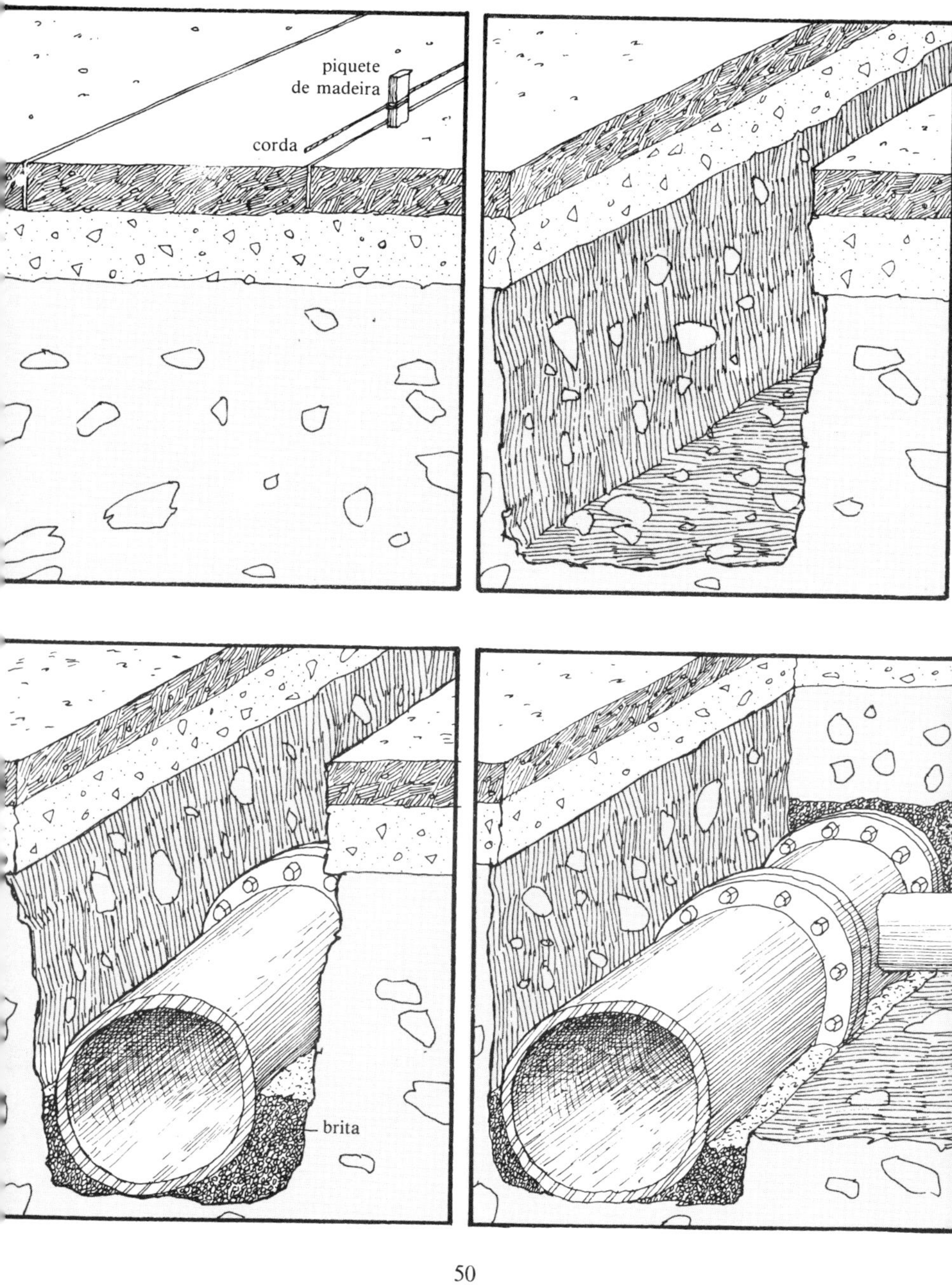
piquete
de madeira
corda
brita

Assim que se determina a localização de um conduto de água, traçam-se no leito da rua os contornos da trincheira onde ele será colocado. Quebram-se o asfalto e o concreto do leito da rua e cava-se a trincheira na profundidade desejada. Todos os condutos de água são enterrados no solo abaixo do limite de congelamento (a cerca de um metro de profundidade, nível acima do qual o solo pode congelar). Cava-se uma trincheira o mais estreita possível para utilizar um mínimo de aterro após a instalação do conduto: quanto mais aterro em torno do conduto, maior o risco de uma compressão excessiva.

Quando um trecho do conduto é concluído, é examinado cuidadosamente. Se todas as juntas estiverem bem vedadas, soca-se brita em torno do conduto e cobre-se o resto da trincheira com terra. Os condutos são colocados o mais reto possível e evitam-se curvas acentuadas, que aumentam os atritos e as perdas de pressão.

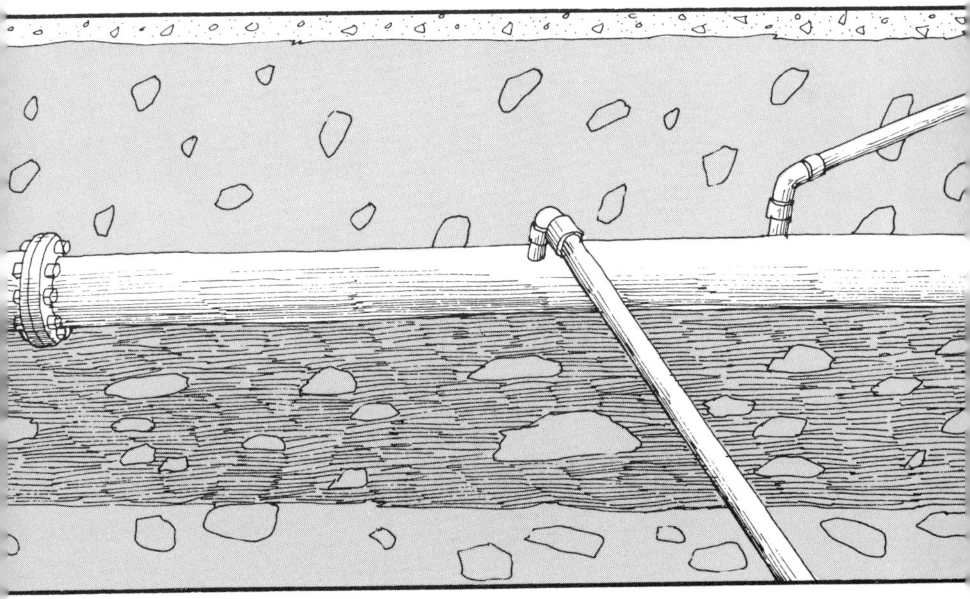

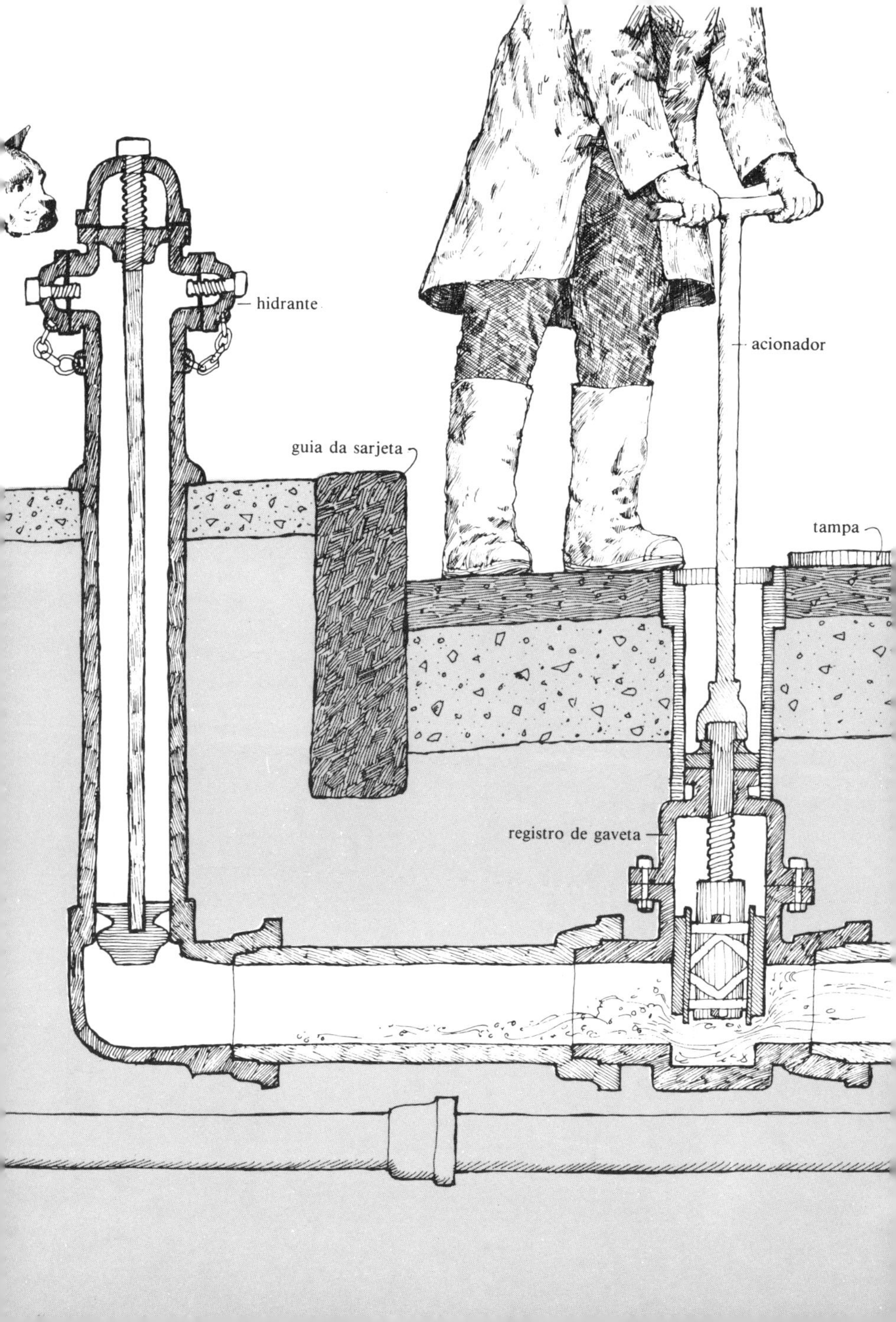
hidrante
acionador
guia da sarjeta
tampa
registro de gaveta

Nos condutos, há registros metálicos (registros de gaveta) que permitem colocar fora de circuito apenas uma parte da rede para consertos. Nos trechos retilíneos, os registros de gaveta são colocados a cada duzentos e cinqüenta metros e, quando se tem uma junção de três condutos ou mais, há um registro em cada conduto. Há também um registro em todas as ramificações entre os condutos secundários e os edifícios. Em cada registro de gaveta, há um cabeçote que pode ser atingido através de uma abertura estreita (boca) situada na sarjeta ou na calçada.

Cada boca é fechada por uma pequena tampa de ferro fundido redonda ou quadrada. Abrem-se ou fecham-se os registros de gaveta com um acionador. Outros registros (ventosas), colocados em pontos mais altos da rede, permitem retirar o ar eventualmente acumulado no conduto sem perda de água.

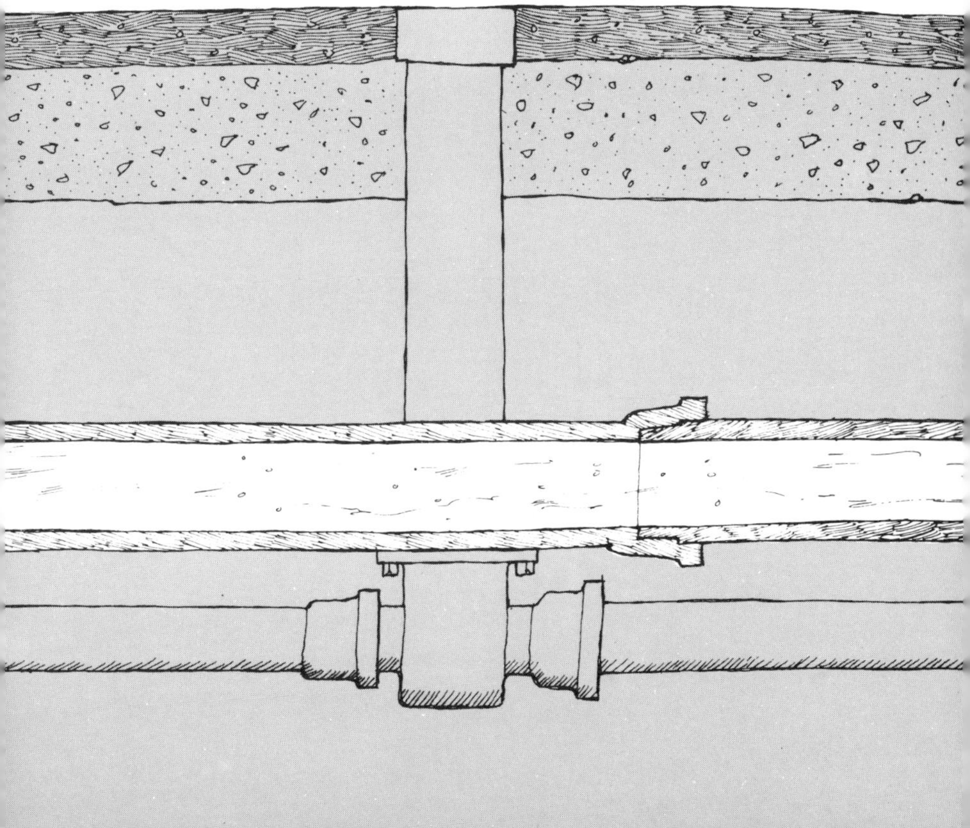

Geralmente, um registro de gaveta bem grande é colocado numa pequena câmara sob a rua (poço de visita), para onde se desce por uma abertura circular protegida por uma tampa de ferro fundido.

Os poços de visita das redes de distribuição ou de evacuação de água possuem em geral menos de três metros de altura e uma forma cilíndrica, troncônica na parte superior. As paredes são feitas de aglomerados curvos ou tijolos cujas carreiras horizontais erguem-se sobre uma laje de concreto. A tampa encontra-se numa argola de ferro fundido (telar), situada na última carreira no nível do leito da rua.

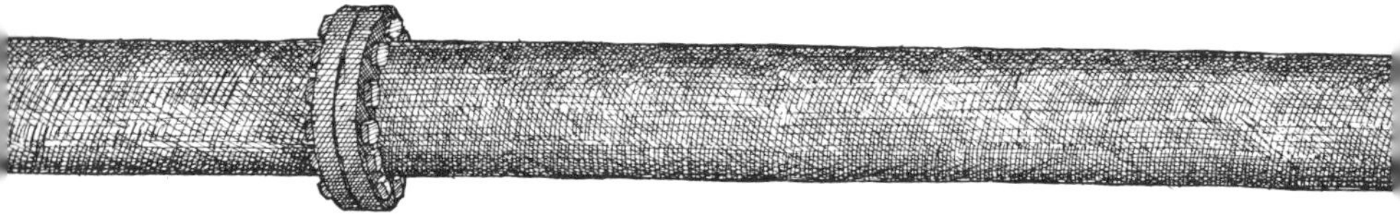

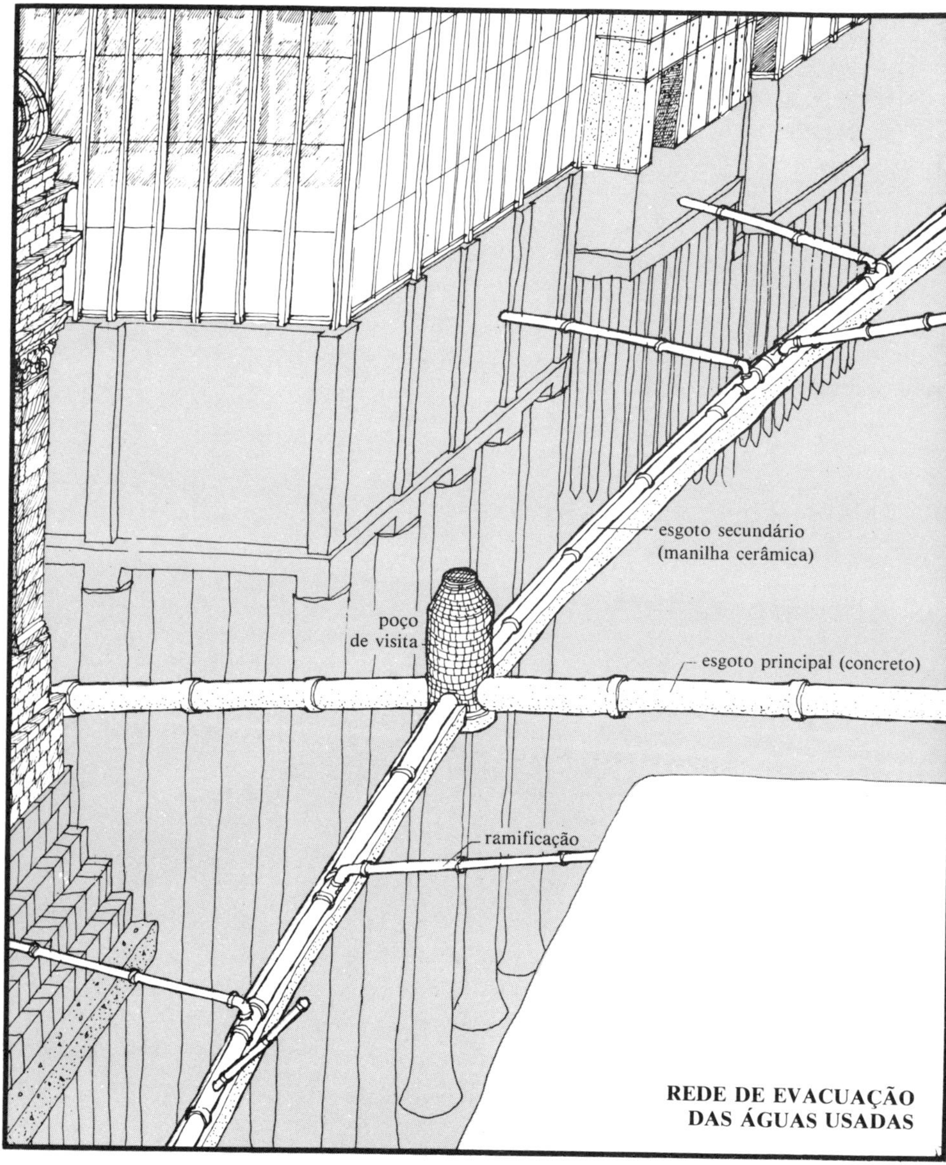
esgoto secundário
(manilha cerâmica)
poço
de visita
esgoto principal (concreto)
ramificação
REDE DE EVACUAÇÃO
DAS ÁGUAS USADAS

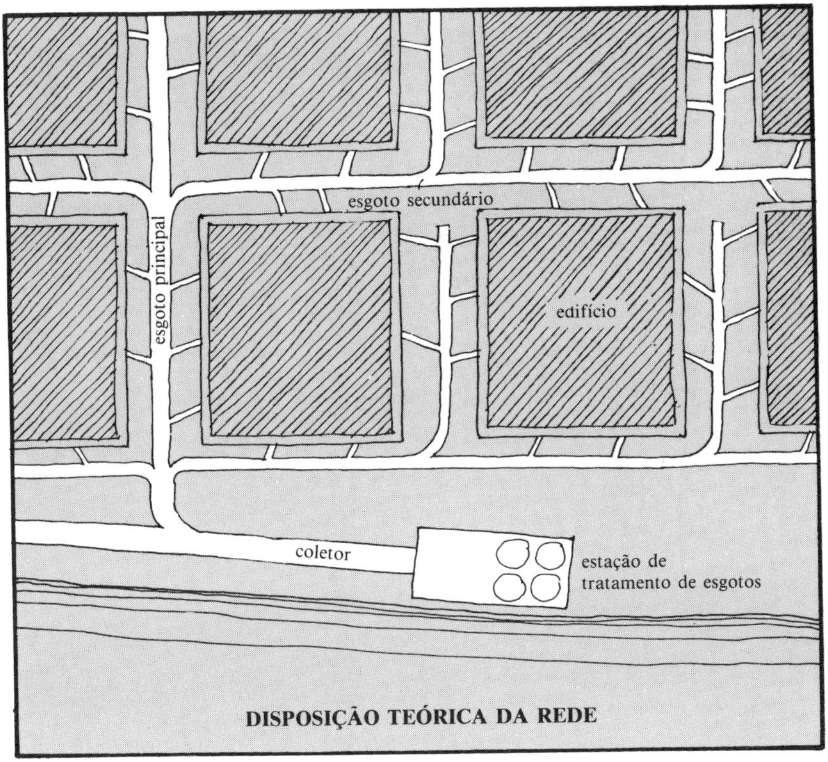

DISPOSIÇÃO TEÓRICA DA REDE

Há uma rede para transportar a água à cidade; uma outra, a rede de esgotos, é necessária para evacuar a água usada e os dejetos. Inúmeros pequenos condutos transportam a água usada dos diversos edifícios até um conduto maior, ou ramificação; a água usada das diversas ramificações cai num esgoto, vários esgotos num esgoto principal, e os esgotos principais num coletor, que é o maior conduto da rede, e leva a água usada à estação de tratamento de esgoto.

CORTE DE UM ESGOTO

Ao contrário da rede de distribuição de água, a rede de evacuação funciona quase que exclusivamente por gravidade. Por isso é necessário esboçar o corte de toda a rua por onde um esgoto vai passar para verificar se o conduto terá um declive e uma direção corretos. Em geral, as tubulações estão a pelo menos três metros abaixo do leito da rua e sempre bem abaixo dos condutos de água, o que reduz o risco de poluição da água por um vazamento do esgoto.

Há condutos de todos os tamanhos, os menores, de setenta e cinco centímetros de diâmetro, são muitas vezes de manilha cerâmica vitrificada; os maiores são de concreto. Utiliza-se a manilha cerâmica em virtude de sua grande resistência à ação química da água usada. Os tubos possuem sempre uma ponta e uma bolsa que permitem sua junção por um simples encaixe. Os elementos de manilha cerâmica, menos resistentes que os de concreto, são muitas vezes dispostos num leito de concreto. Assim que se termina uma parte da tubulação, ela é examinada e testada cuidadosamente antes de a trincheira ser coberta.

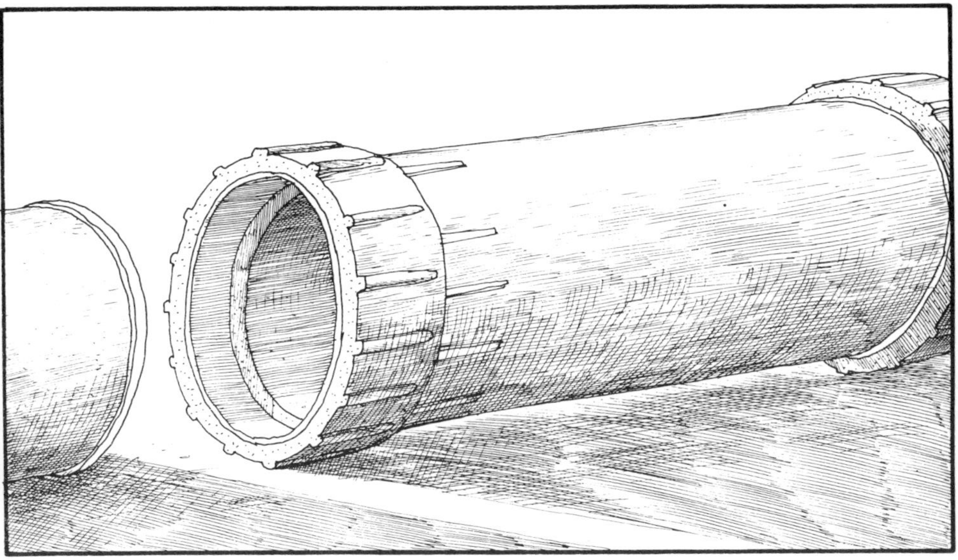

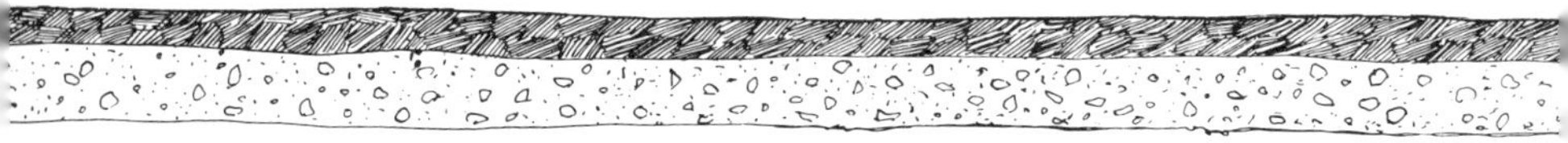

Em cada mudança de direção ou de declive significativa, constrói-se um poço de visita que permitirá a limpeza do esgoto. A ligação de dois esgotos a uma tubulação principal também ocorre num poço de visita cujo fundo é sulcado por duas canaletas curvas que conduzem a água de um tubo a outro com um mínimo de atrito.

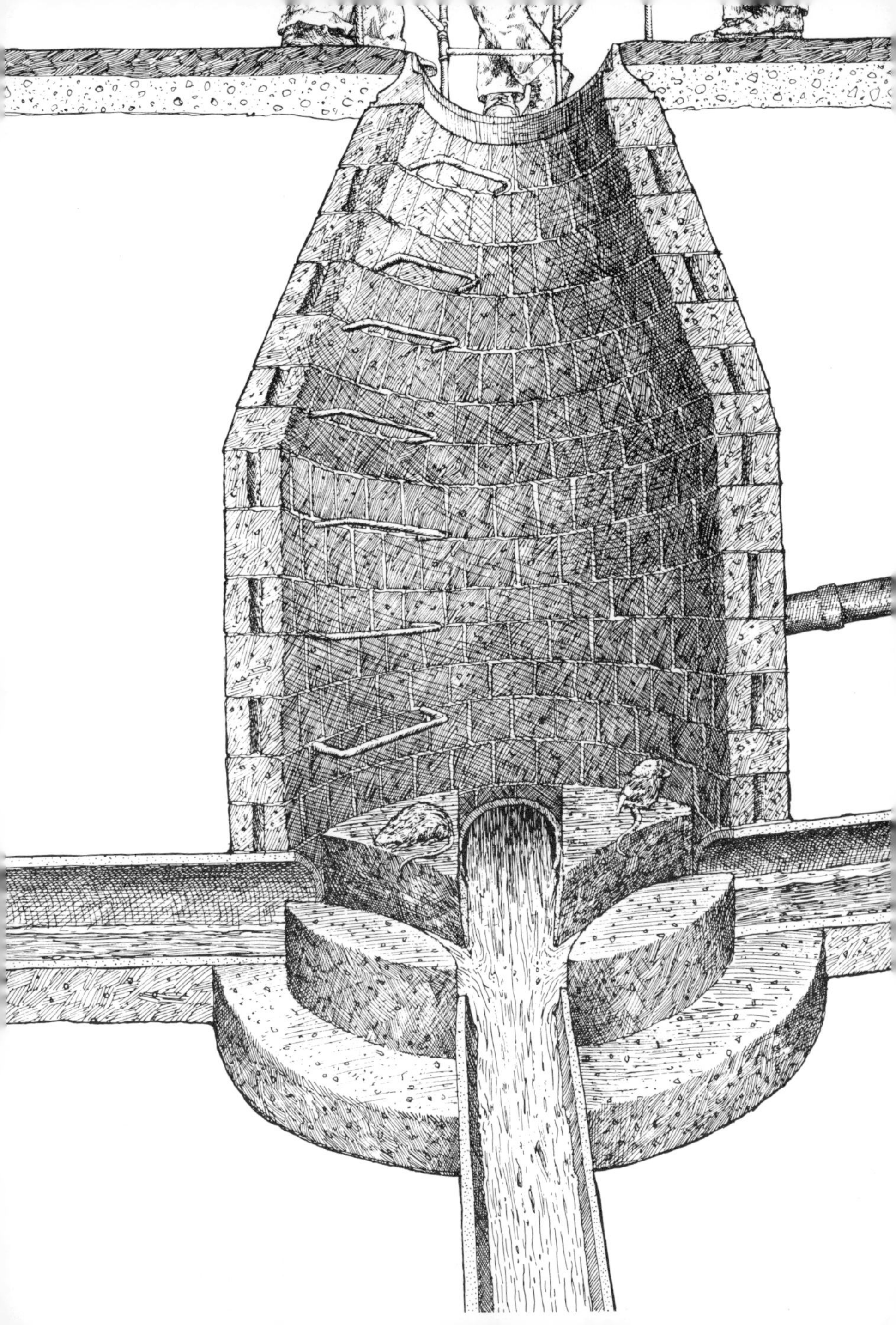

boca-de-lobo
boca-de-lobo
com grelha
DRENAGEM DA ÁGUA DE CHUVA

Uma segunda rede, muitas vezes associada à da água usada, serve para a drenagem das águas de chuva. As tubulações evacuam a grande quantidade de água que pode se acumular bem rapidamente após uma tempestade ou após o derretimento da neve, e que, sem elas, poderia inundar os subsolos, os poços de visita, o metrô. As tubulações possuem um diâmetro pelo menos dez vezes maior que o de um esgoto e em geral são colocadas abaixo de todas as outras instalações. As antigas redes eram muitas vezes de tijolos, mas atualmente são, em geral, de concreto. A água cai na rede por diversas bocas-de-lobo.

Uma boca-de-lobo sem caixa de decantação é um buraco no leito da rua ou na guia, fechado por uma grelha de ferro fundido e diretamente ligado à rede. O leito da rua é arqueado o suficiente para que a água escoe para a grelha.

Uma boca-de-lobo com abertura é uma obra retangular com caixa de decantação colocada no leito da rua ou na cal-

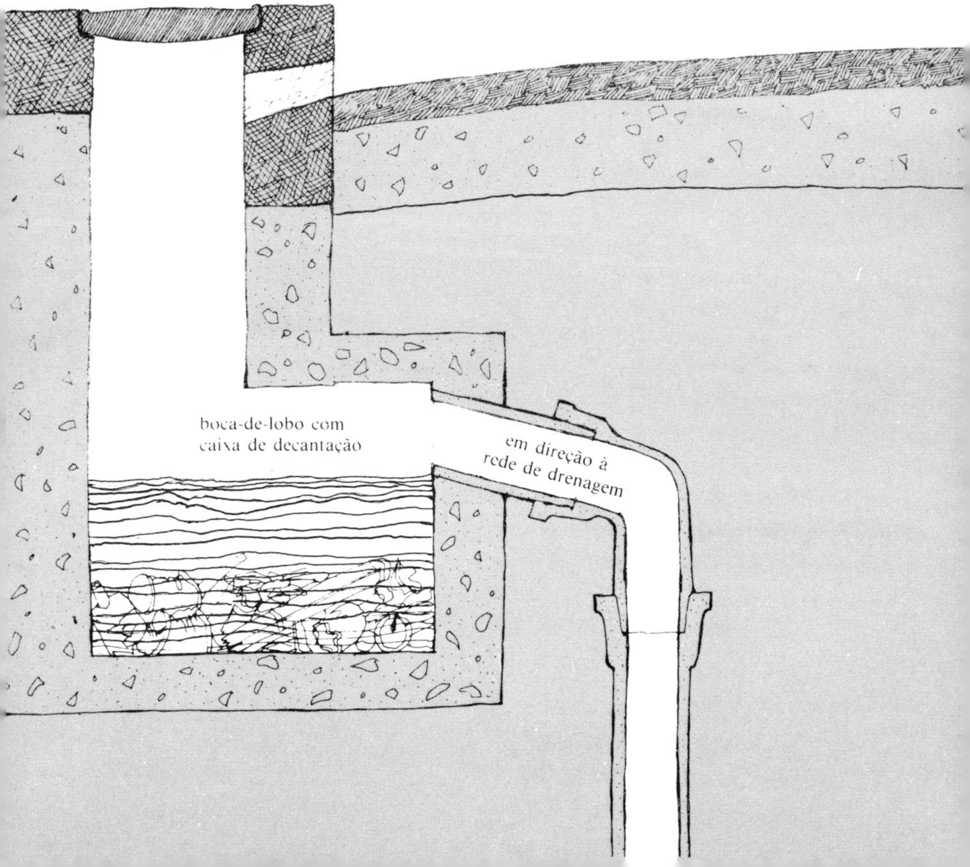

çada. A água deve atingir um certo nível para poder desaguar na tubulação, o que permite aos objetos que poderiam entupir as tubulações depositarem-se no fundo da caixa.

Para evitar qualquer risco de entupimento dos condutos, limpa-se periodicamente a boca-de-lobo por uma abertura circular, fechada por uma tampa semelhante à do poço de visita.

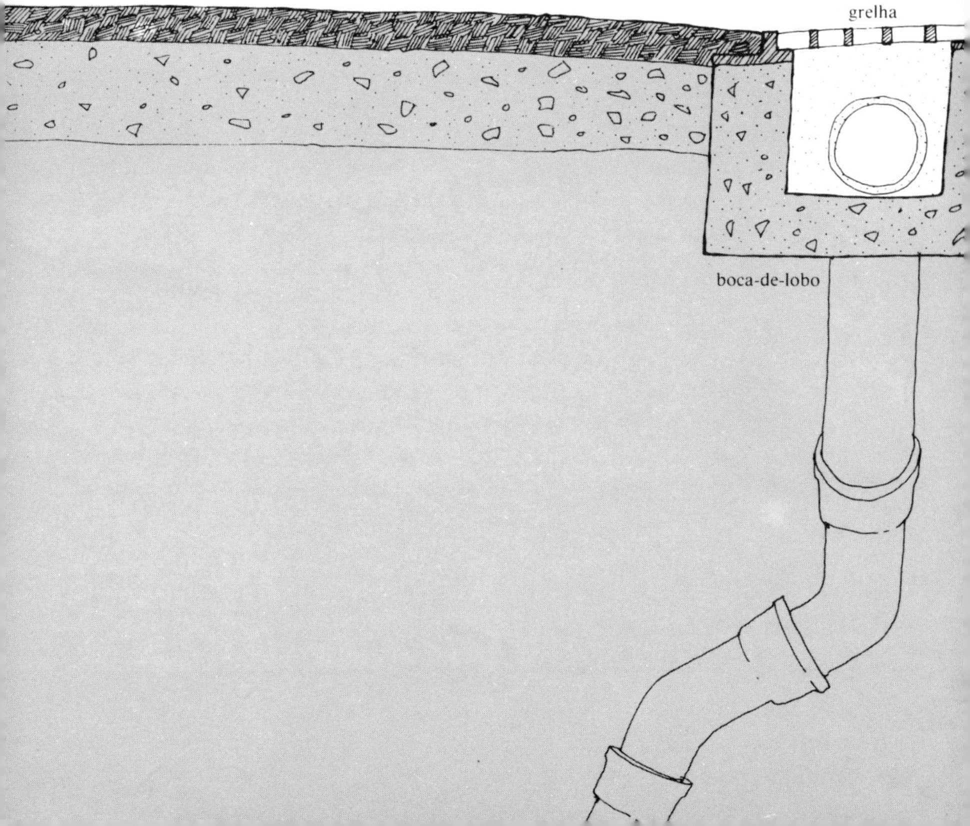

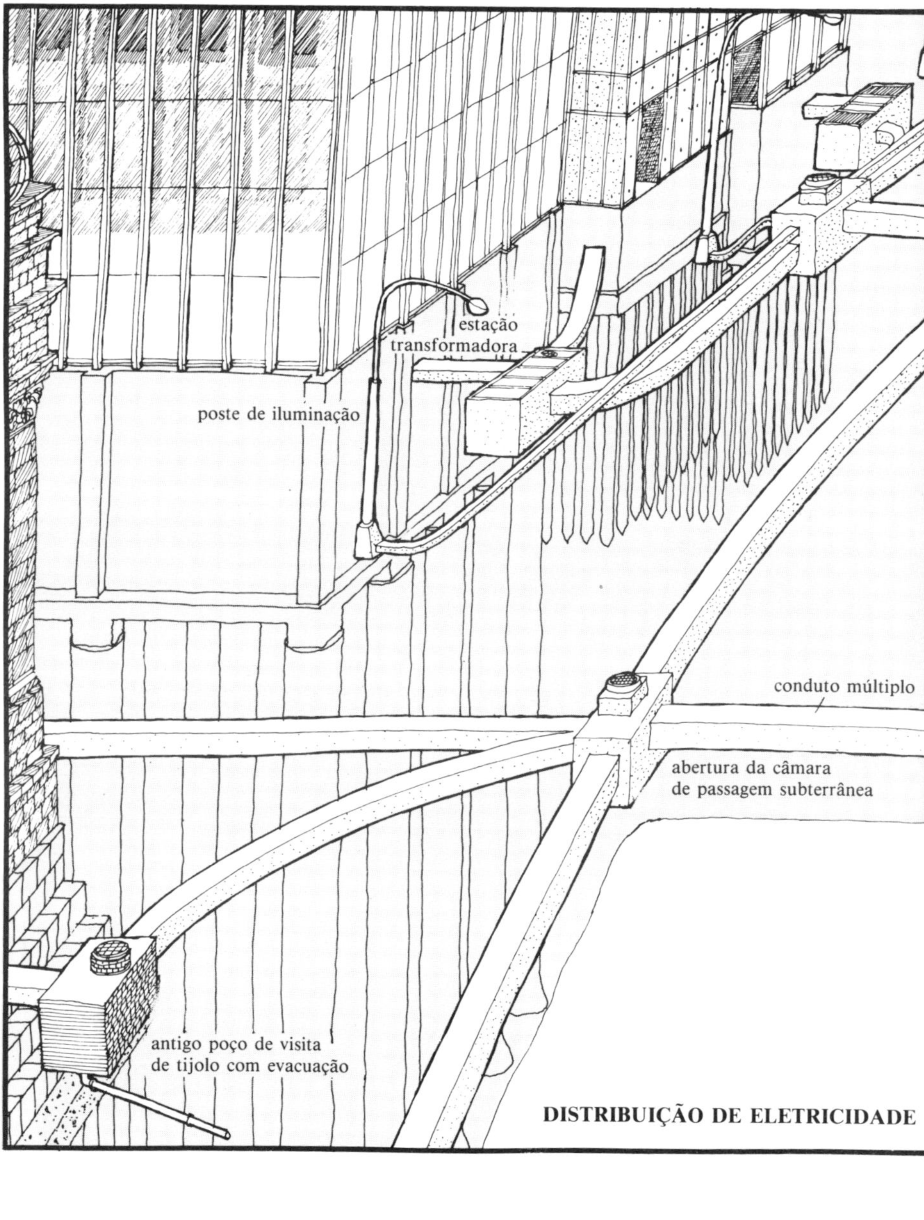

DISTRIBUIÇÃO DE ELETRICIDADE

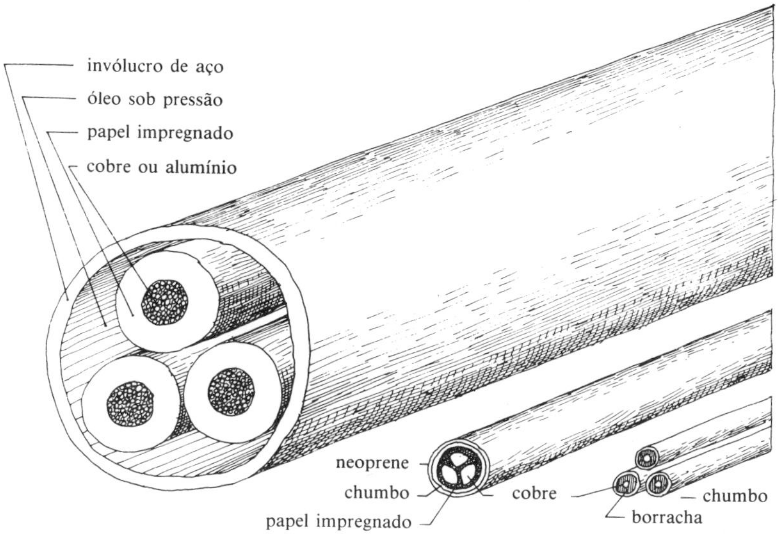

A eletricidade produzida em grandes centrais é transportada por cabos de alta tensão dispostos em tubos de aço banhados em óleo até as subestações, onde a alta tensão máxima da central é diminuída em função das necessidades de cada zona. Em seguida, ela é transportada por cabos menores para outros transformadores, onde a tensão é ainda mais reduzida para as necessidades dos edifícios residenciais. Esses últimos transformadores são colocados em obras subterrâneas (estação transformadora) geralmente maiores que os poços de visita.

No caminho entre as subestações transformadoras há, sob o leito da rua, câmaras de passagem, utilizadas para a colocação dos cabos; a distância entre duas câmaras é de aproximadamente 60 metros; os cabos, instalados por estiramento, de uma câmara a outra, são cortados nesse comprimento e suas junções são feitas nas câmaras.

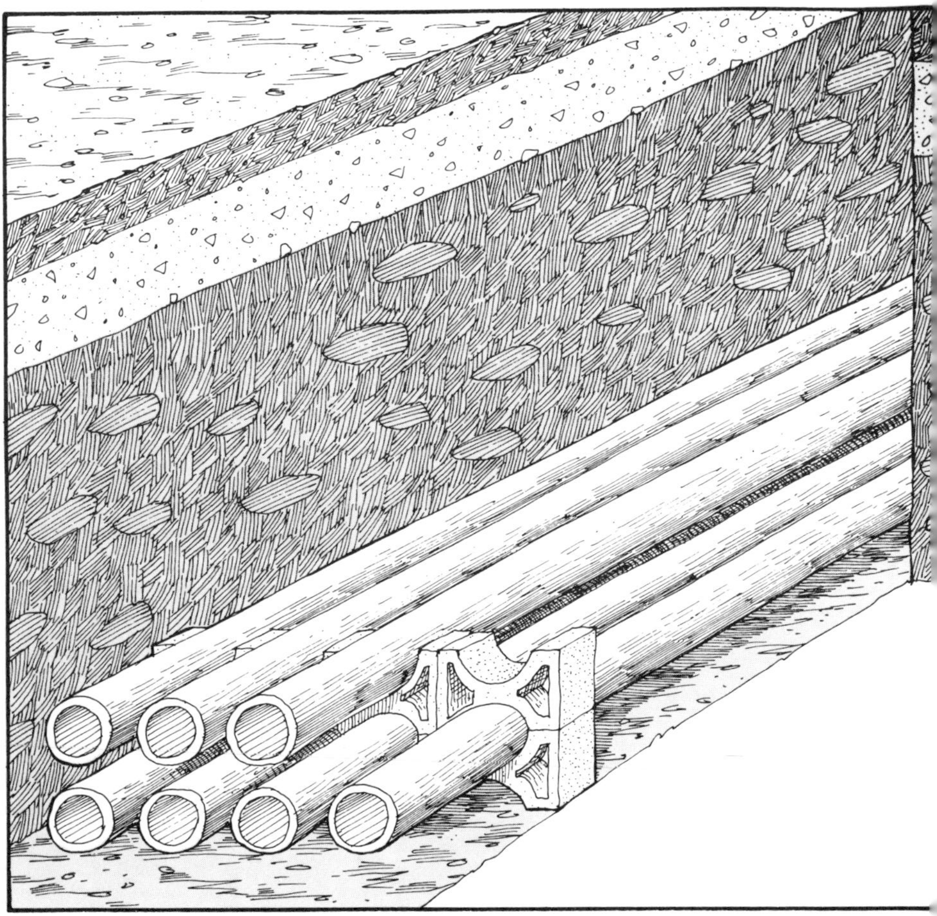

Cada cabo tem em geral seis centímetros de diâmetro e contém três fios de cobre separados. Primeiramente é envolto em papel impregnado de óleo, em seguida por chumbo e, finalmente, encerrado numa capa de borracha sintética (neoprene).

Cada cabo é colocado no solo dentro de um tubo de proteção (canaleta); em geral, agrupam-se as canaletas em feixes re-

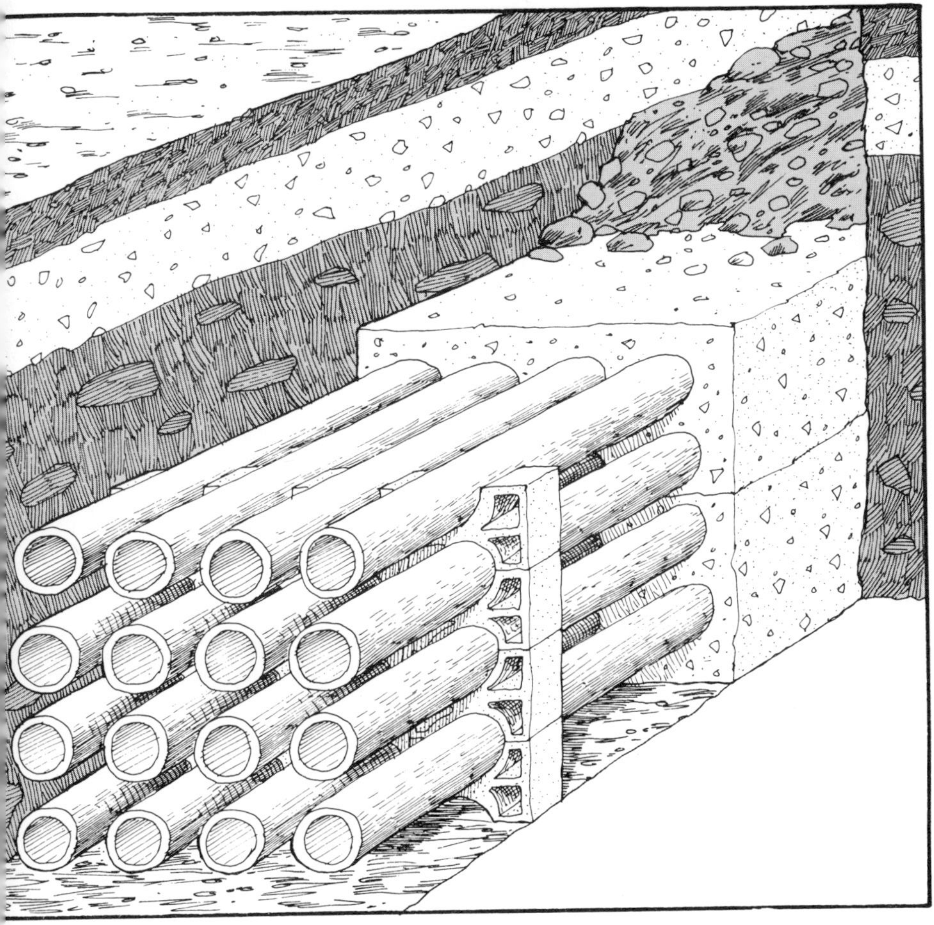

tangulares ou condutos múltiplos, eles próprios revestidos de concreto. Para maior segurança, esses condutos estão pelo menos a 60 centímetros abaixo do leito da rua.

As canaletas são instaladas na trincheira em camadas sucessivas: ficam separadas umas das outras por arcos de alguns centímetros para serem completamente revestidos por concreto.

Pelas duas extremidades de um conduto múltiplo, as canaletas atingem as câmaras de passagem, em geral retangulares (4 metros por 1,50 e 1,30 metros de altura). A câmara, de concreto armado, é moldada no local ou pré-fabricada e levada pronta para ser instalada. Nos dois casos, ela possui um piso em ligeiro declive em direção a um pequeno escoadouro que coleta a água que entra na câmara, facilitando seu bombeamento. Tem-se acesso à câmara por uma chaminé, onde repousam diretamente a armação e a tampa de ferro fundido.

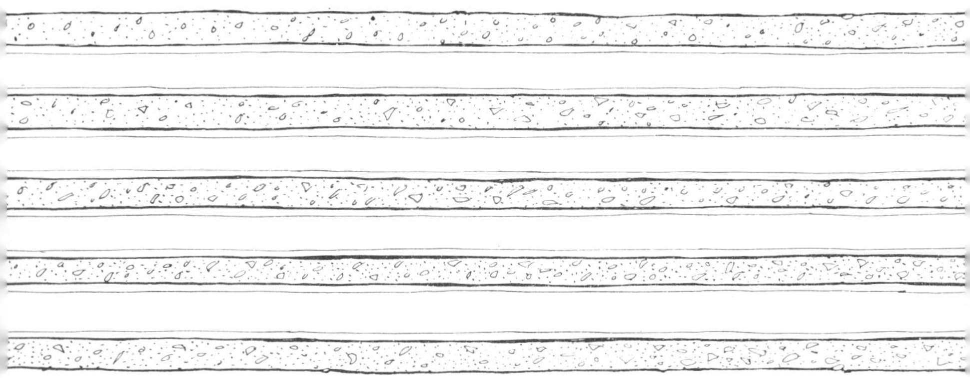

Quando estão prontos a câmara de passagem e todos os condutos múltiplos que a ligam com as outras câmaras, com as estações transformadoras e com os postes de iluminação, soca-se bem o solo e refaz-se o pavimento do leito. Em seguida, são colocados os próprios cabos: a partir da primeira câmara, faz-se escorregar ou empurra-se com ar comprimido uma corda de náilon ou um fio de aço por toda a extensão de uma canaleta; na segunda câmara, a corda é fixada a uma fita-guia de aço, também ligada a um guindaste. O guindaste, que vai enrolar a fita-guia, está num caminhão especial, estacionado verticalmente à câmara. Em seguida, a fita-guia é puxada até a primeira câmara.

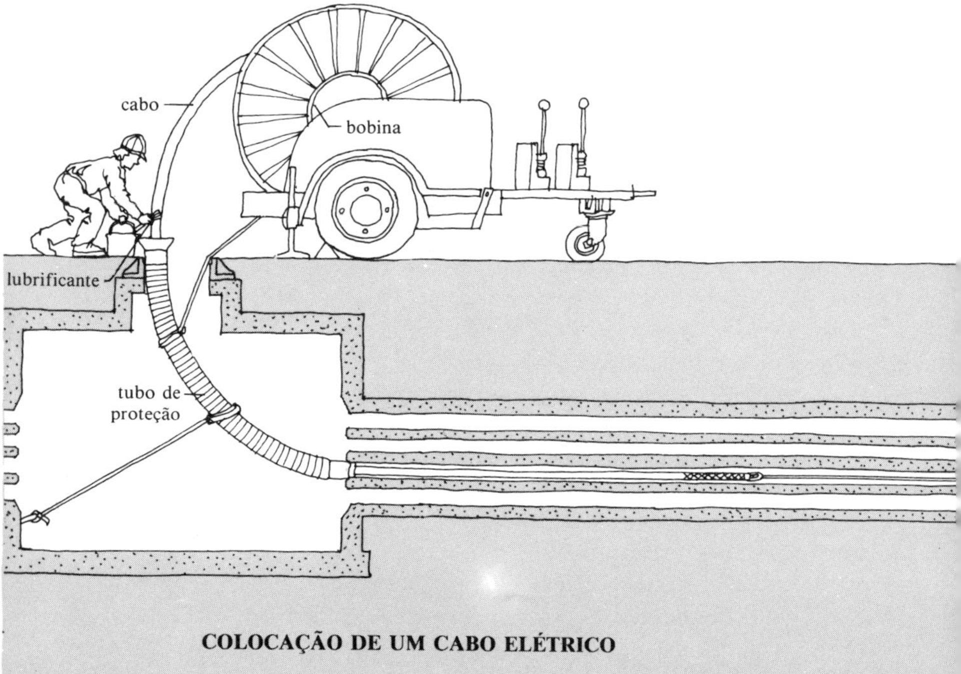

COLOCAÇÃO DE UM CABO ELÉTRICO

O cabo elétrico, enrolado numa grande bobina, passa por um tubo de proteção flexível na primeira câmara, para em seguida ser fixado com firmeza na extremidade da fita-guia. O tubo de proteção flexível na primeira câmara e a fita-guia na segunda são fixados de modo que o cabo seja puxado o mais reto possível para reduzir atritos. O cabo é untado com um lubrificante especial antes de entrar no tubo de proteção flexível.

Ao girar, o guindaste puxa, simultaneamente, a fita-guia e o cabo para dentro da canaleta; essa operação é feita sob controle permanente para evitar qualquer estiramento excessivo ou deterioração do invólucro do cabo.

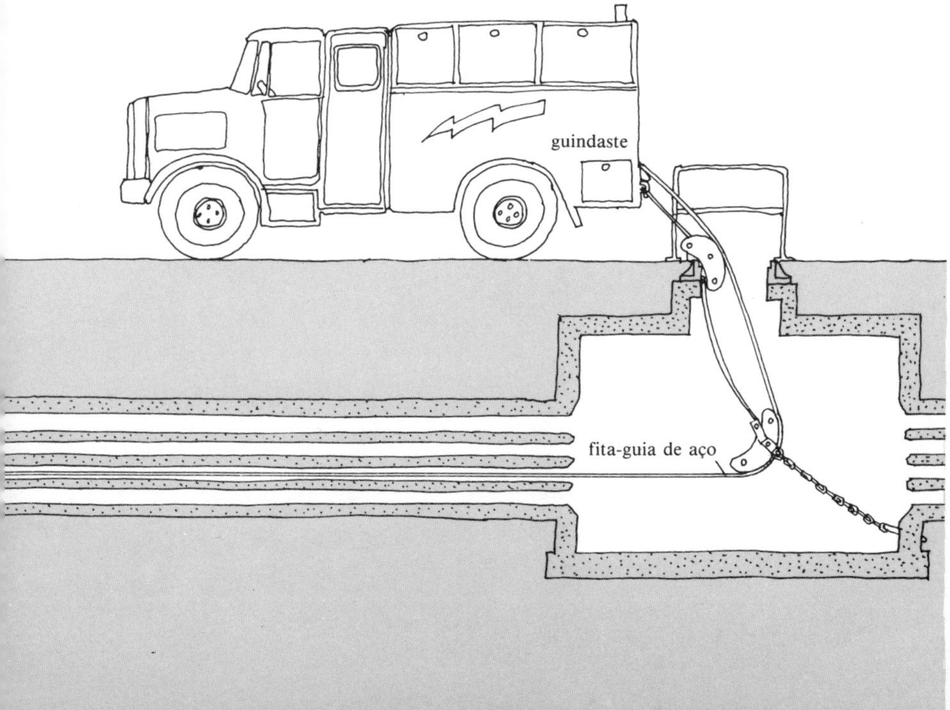

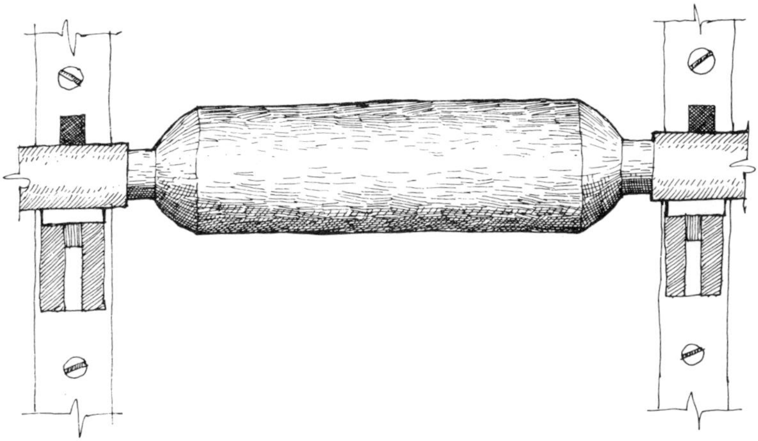

Nas paredes da câmara, as extremidades dos cabos repousam em suportes metálicos ou mãos-francesas. A junção de dois cabos é envolta em fita isolante, e depois colocada num manchão de chumbo, que é vedado. Verifica-se se não há vazamento no manchão insuflando ar.

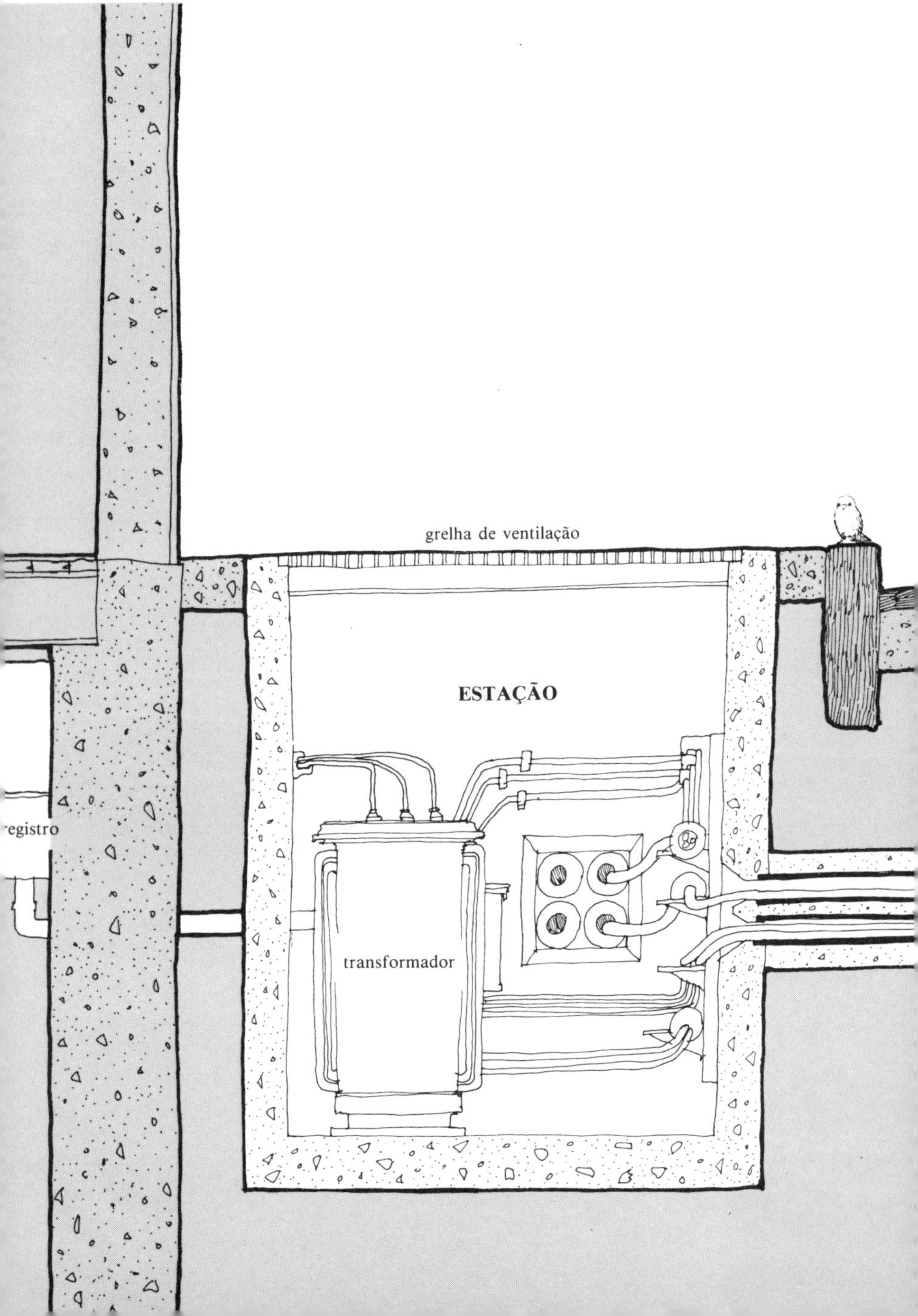
grelha de ventilação
ESTAÇÃO
registro
transformador

Além dos cabos, a câmara também pode abrigar um pequeno transformador. Se um edifício consome muita eletricidade, pode-se instalar um transformador especial numa estação sob a calçada. Normalmente a estação é fechada por uma grelha de aço para assegurar uma boa ventilação, pois o transformador emite calor. Todos os cabos elétricos que alimentam edifícios passam por um dispositivo que mede e registra o consumo de eletricidade.

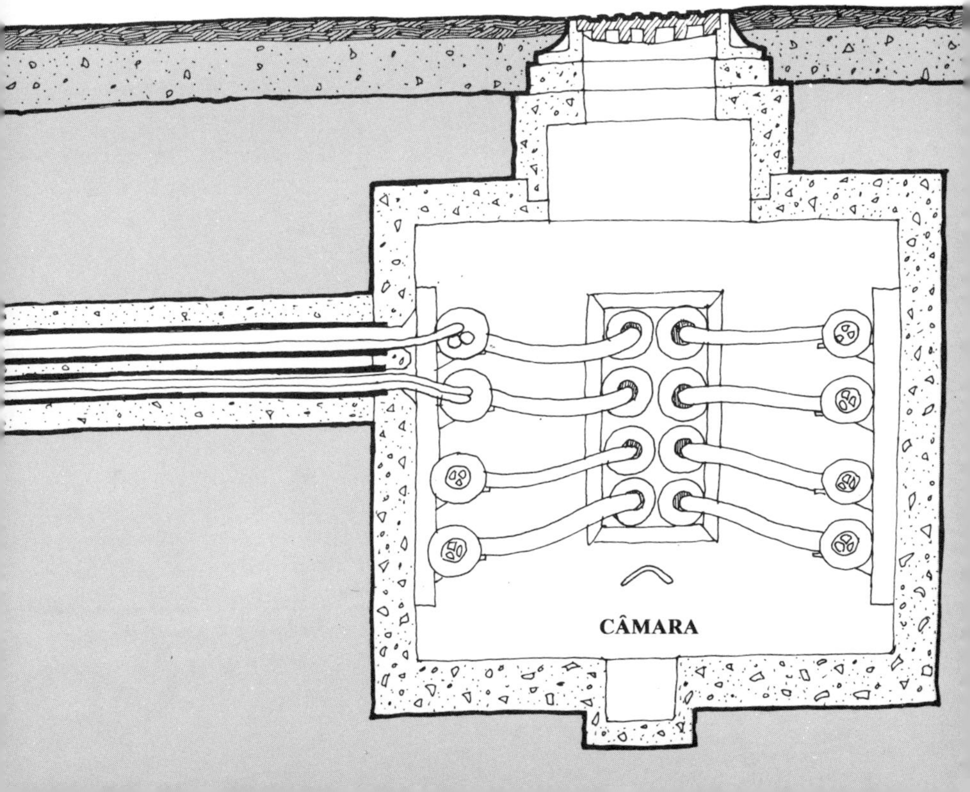

REDE DE AQUECIMENTO URBANO

Em alguns países, não é raro a companhia de eletricidade fornecer não apenas a corrente, mas também o vapor para o aquecimento urbano. A princípio, o vapor era uma produção anexa dos geradores de eletricidade das grandes centrais. Agora existem em inúmeras cidades centrais especiais para essa produção. O vapor passa sob pressão numa rede de condutos e ramificações. Os condutos são tubos de aço soldados de 5 centímetros de espessura e 60 centímetros de diâmetro no máximo.

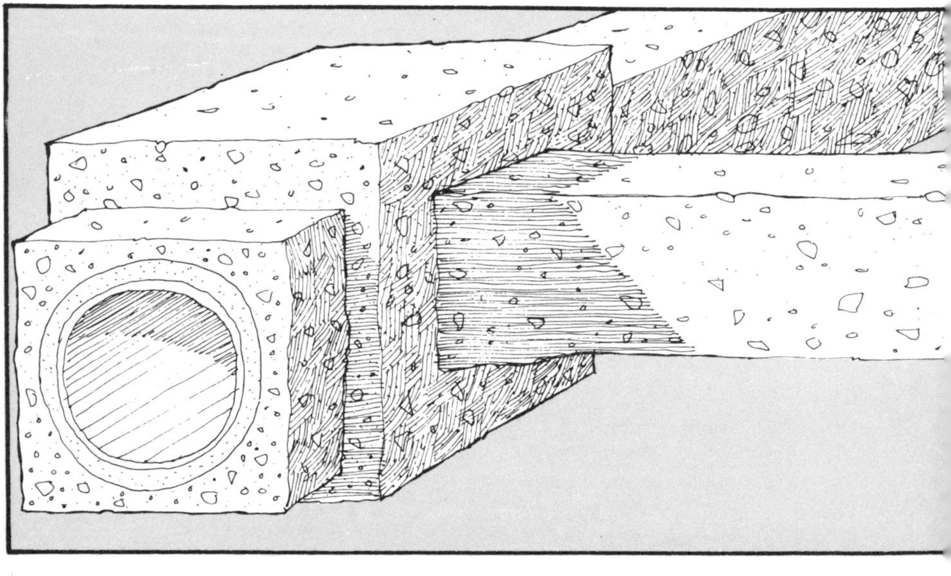

Como o calor pode danificar as outras redes, os condutos de vapor são em geral enterrados a pelo menos 1,80 metros da superfície e revestidos de concreto. A trincheira que vai servir de fôrma é apenas um pouco maior que o conduto, com um declive para assegurar uma boa drenagem. Os elementos do conduto são dispostos em suportes a 15 centímetros do fundo e soldados. As junções devem ser completamente vedadas, o que é examinado por aparelhos de raios X. O conduto só é acionado após esse exame. Em alguns lugares, as braçadeiras de aço são soldadas no conduto; elas serão definitivamente revestidas de concreto.

A cada 30 metros aproximadamente, os elementos do conduto são ligados por junções elásticas (juntas de dilatação) que permitirão a dilatação ou o encolhimento do conduto de acordo com as variações de temperatura. Em seguida, o conduto é inteiramente revestido por uma capa isolante de 6 centímetros de espessura, e vertem-se mais de 10 centímetros de concreto no conduto. A trincheira alarga-se um pouco ao redor das braçadeiras e das juntas de dilatação para que o concreto fique mais espesso naquele lugar.

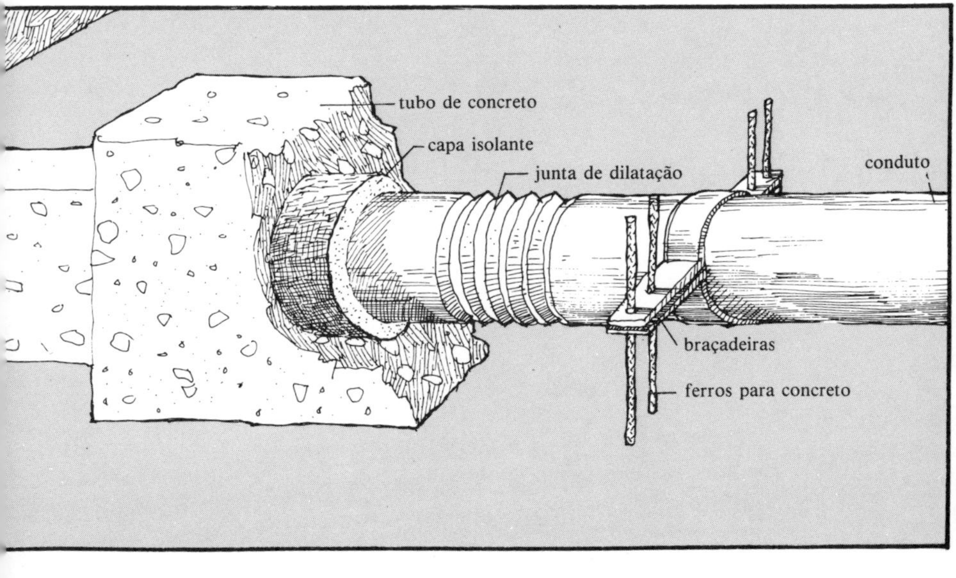

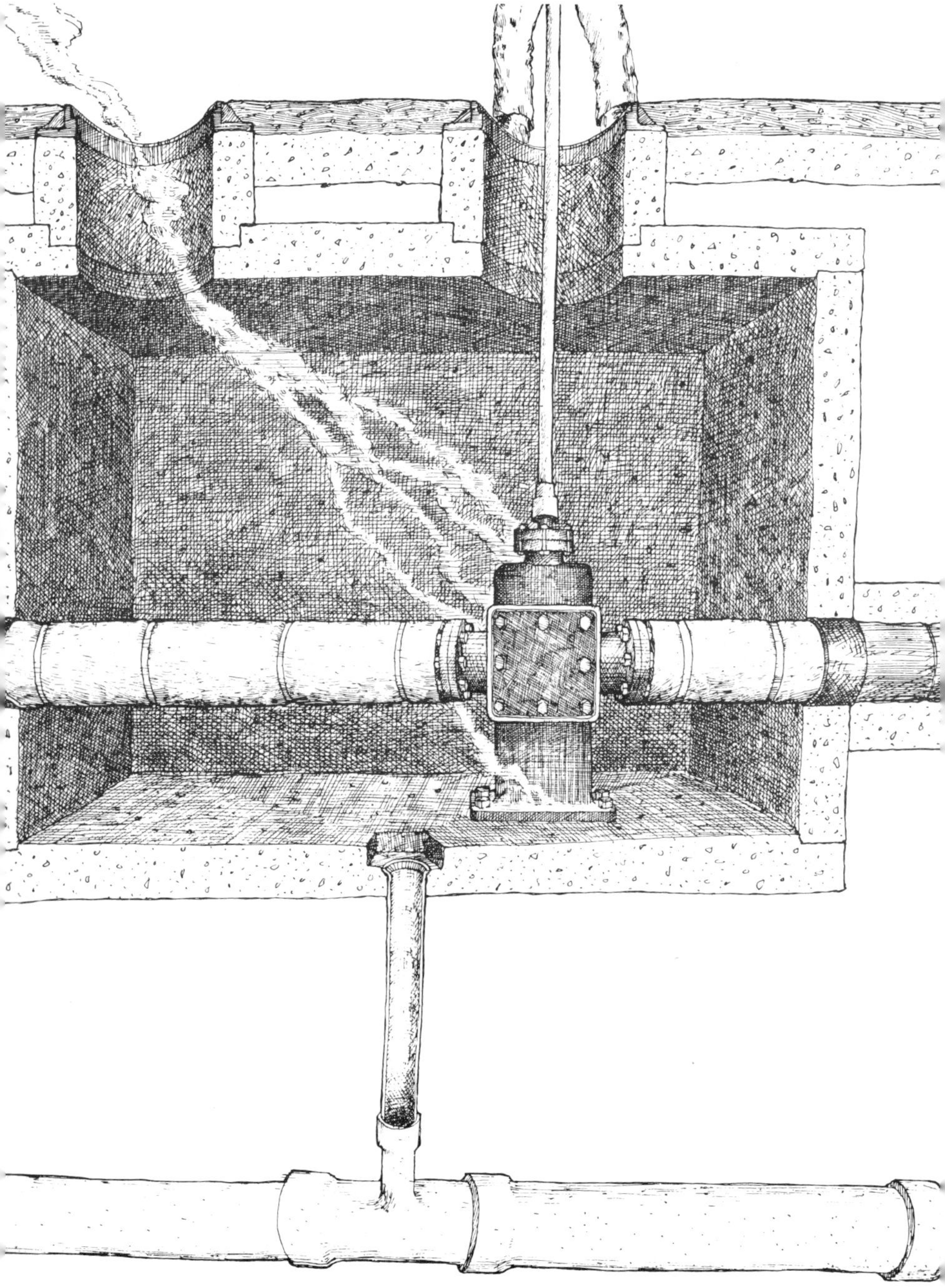

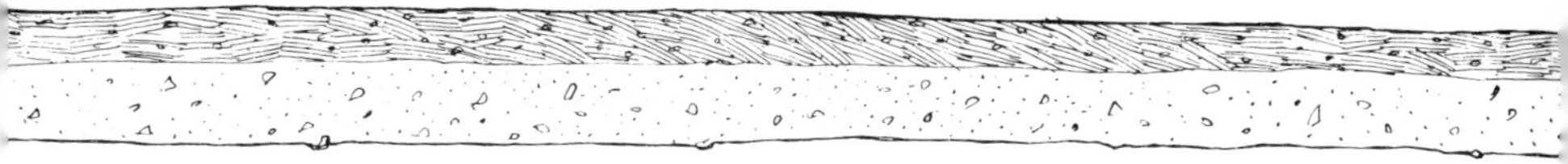

A distribuição do vapor, assim como a de água, é controlada por uma série de válvulas e registros, a que se tem acesso pelas bocas de chave ou pelos poços de visita, dependendo de seu tamanho. Os poços são geralmente retangulares, com duas aberturas no leito da rua, o que permite evacuar melhor o ar quente: por uma abertura injeta-se ar fresco que sai do outro lado. A pequena quantidade de umidade que se condensa entre o tubo e o revestimento de concreto é diretamente evacuada no esgoto vizi-

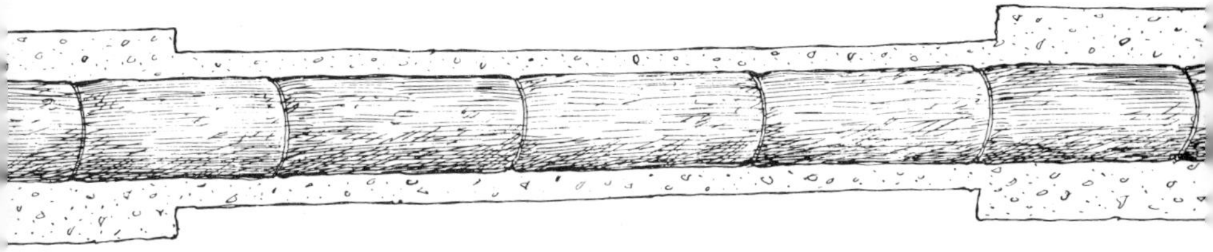

nho. O rompimento de uma tubulação de água ou fortes chuvas podem levar a água até o revestimento do conduto; ela se transforma em vapor que escapa pela primeira abertura que encontra: poço de visita, boca-de-lobo, rachadura no leito da rua. Se uma grande quantidade de vapor começar a sair por um poço de visita, normalmente uma das tampas é substituída por uma chaminé de chapa com 1,80 metros de altura que o libera acima dos pedestres e carros.

REDE DE DISTRIBUIÇÃO DE GÁS

junta soldada

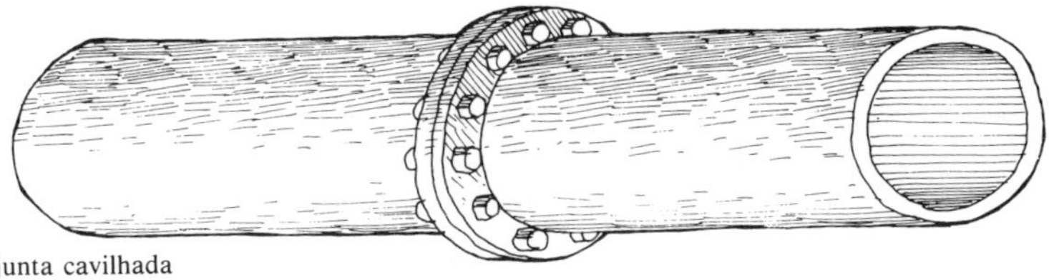

junta cavilhada

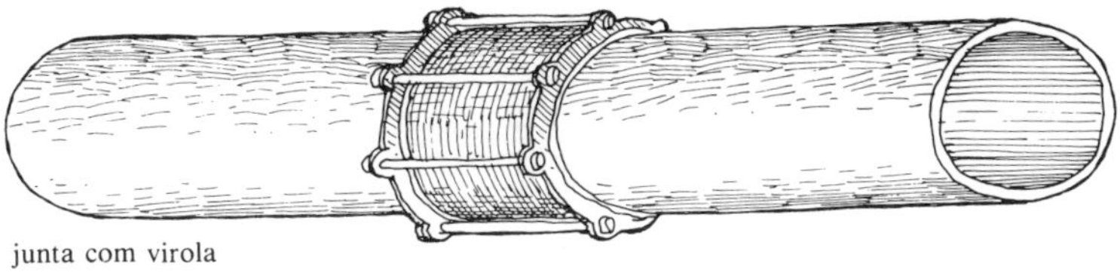

junta com virola

Um outro serviço público subterrâneo é o de gás natural, empregado no aquecimento, no ar condicionado e na cozinha. O gás natural é produzido pela decomposição das matérias orgânicas e acumula-se em bacias a centenas de metros de profundidade. Perfuram-se poços até essas bacias, o gás é recolhido e injetado em grandes condutos de aço (gasodutos), por onde é transportado sob pressão por centenas de quilômetros até os locais do consumo. O gás natural também pode ser transportado por via terrestre ou marítima após sua liquefação pelo frio. É comum vermos reservatórios para gás liquefeito na periferia das cidades. Mas, gasoso ou líquido, o gás sempre acaba por entrar numa rede subterrânea de condutos e ramificações.

Para a passagem do gás, empregam-se condutos de metal ou de plástico, que ficam a pelo menos 1 metro de profundidade. Os condutos de aço ou de ferro fundido podem ser cavilhados, soldados ou ligados por uma virola: depois que as junções são examinadas, soca-se bem a terra em torno do conduto. No caso de um conduto de plástico, são aquecidas as extremidades que se soldam por fusão: uma vez verificada a solda, cobre-se o trecho da tubulação com areia; em seguida, a trincheira é aterrada normalmente.

Para que uma rede de distribuição de gás funcione bem, é preciso manter uma pressão ideal nas diversas tubulações, função das estações controladoras de pressão. Cada estação compreende dois poços de visita de concreto, a 7,50 metros de distância um do outro e atravessados pelo mesmo conduto principal. Nesse conduto há, em cada poço, um regulador, aparelho controlado automaticamente pela pressão do gás e que pode aumentar ou reduzir o escoamento de acordo com as necessidades. No mesmo lugar, filtros especiais eliminam todas as partículas sólidas contidas no gás, que poderiam bloquear o regulador. O gás que, de vez em quando, pode escapar em pequena quantidade pelo regulador é evacuado por um tubo de escape vertical de 1,80 metros de altura colocado na calçada.

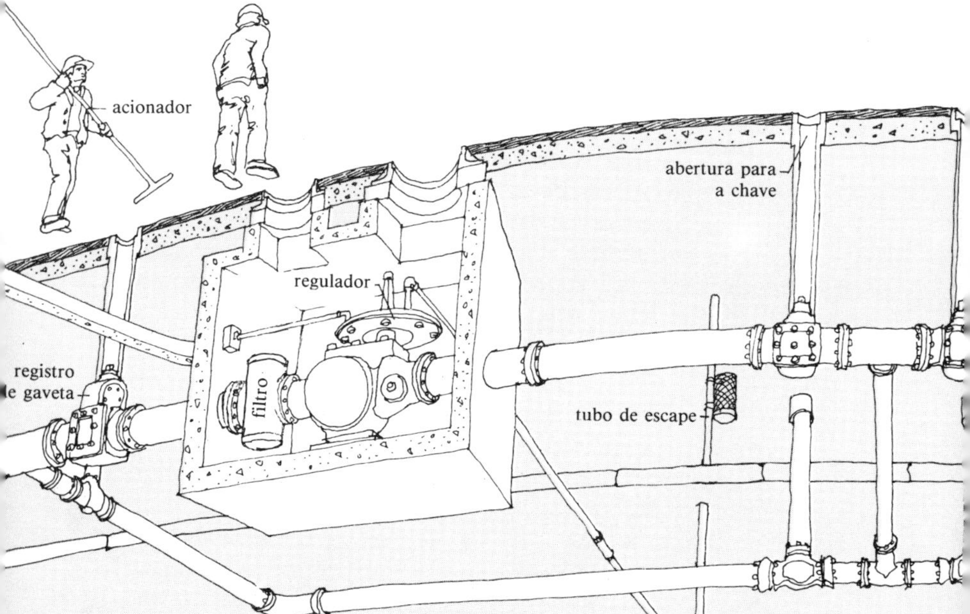

Um segundo conduto é conectado ao principal antes da sua entrada no primeiro poço e depois da sua saída do segundo; ele serve de *by-pass* (desvio). No caso de pane, pode-se impedir que o gás atravesse o regulador abrindo-se e fechando-se uma série de válvulas no desvio e no conduto. Em geral, estas válvulas e as que se encontram nas ramificações que alimentam os edifícios são colocadas no leito da rua ou na calçada; tem-se acesso a elas por uma abertura para a chave. Por precaução, além dos reguladores, a pressão em alguns condutos é controlada também numa central: impulsos elétricos, que utilizam um dos numerosos cabos da rede telefônica subterrânea, vão do conduto aos manômetros e aos sistemas de alarme do painel de controle.

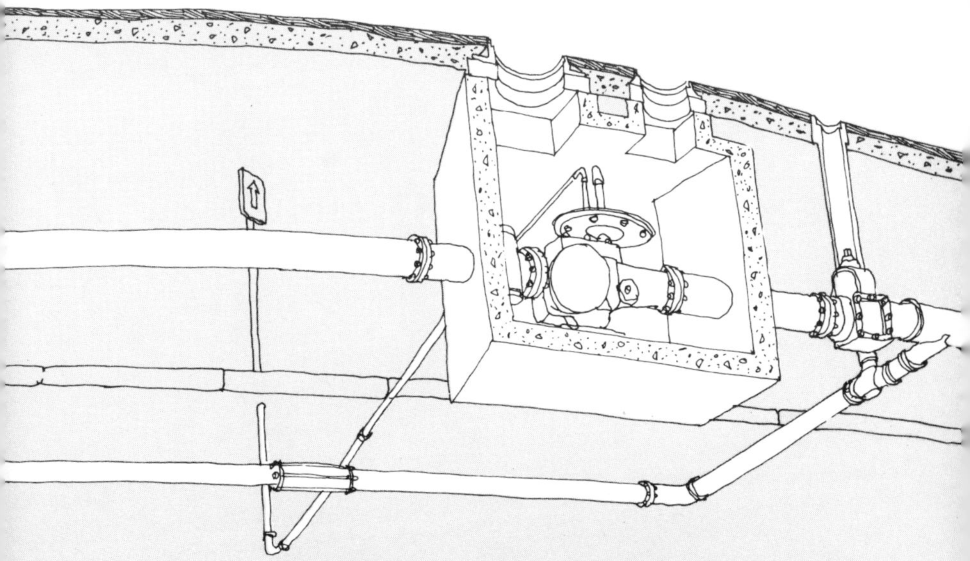

ESTAÇÃO CONTROLADORA DE PRESSÃO DO GÁS

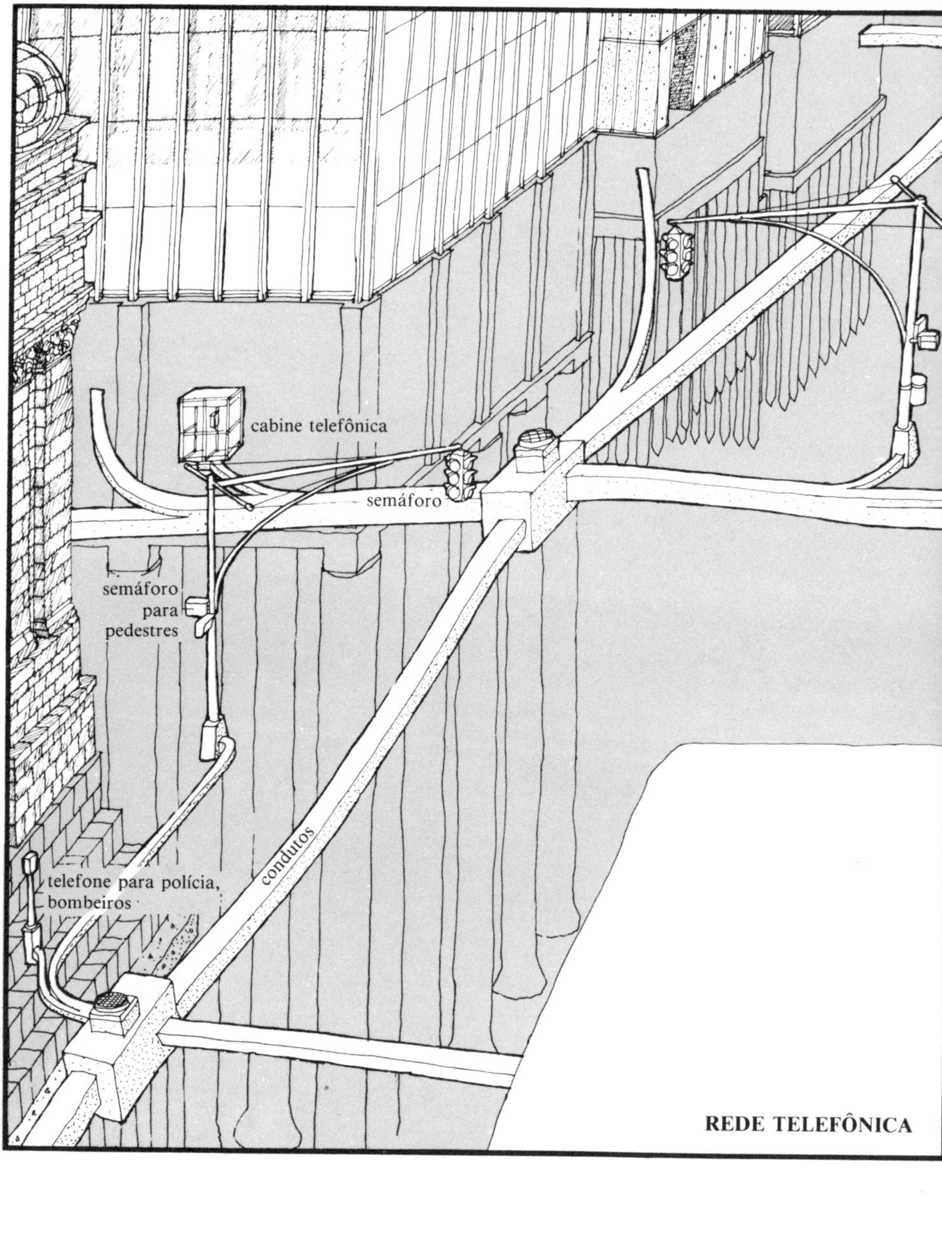
cabine telefônica
semáforo
semáforo
para
pedestres
condutos
telefone para polícia,
bombeiros
REDE TELEFÔNICA

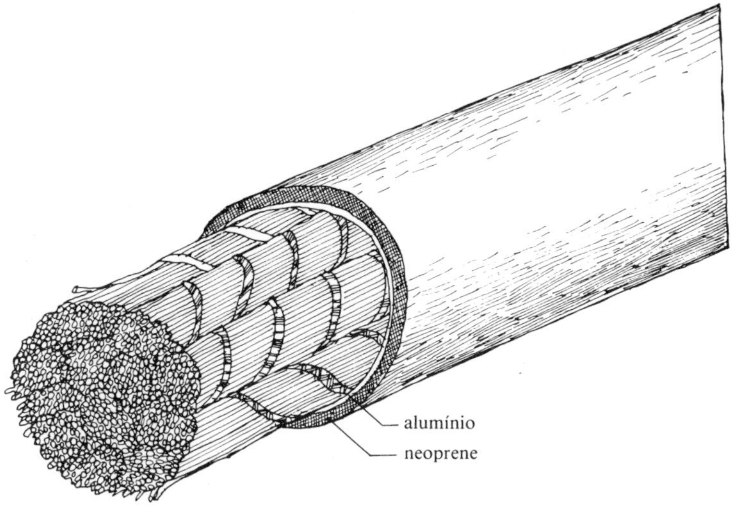

Uma ligação telefônica passa por dois fios, um para chamada, outro para resposta. Para isso, a rede conta com milhares de fios: um cabo subterrâneo comum possui 5.400 fios, permitindo 2.700 ligações simultâneas. Os cabos, revestidos de alumínio e de neoprene, têm cerca de 7,5 centímetros de diâmetro. Internamente, os fios são agrupados em feixes por ligações de cores diferentes. Cada fio do feixe tem também uma marca.

Se, por qualquer motivo, o técnico precisa encontrar um fio, começa a procurar o número do cabo por onde aquele fio passa; desta forma, ele é levado a uma determinada câmara de passagem subterrânea e a um determinado conduto. Quando abre o cabo, identifica o feixe procurado pela cor e pode, em seguida, separar o fio desejado. Quando há serviço numa câmara de passagem subterrânea, injeta-se ar fresco por um tubo grosso e flexível e coloca-se ao redor da abertura um aro de proteção de metal para impedir a entrada de pequenos objetos. Para ligar dois cabos, estes são colocados em suportes para facilitar o trabalho, e as milhares de junções necessárias são efetuadas.

O conjunto das junções é protegido por uma virola de chumbo ou plástico, vedada e colocada sob pressão. Desta virola sai um pequeno tubo ligado a um painel de controle: em caso de rompimento, a redução da pressão aciona o alarme, e a saída do ar impede a infiltração de água no cabo até que se detecte a pane.

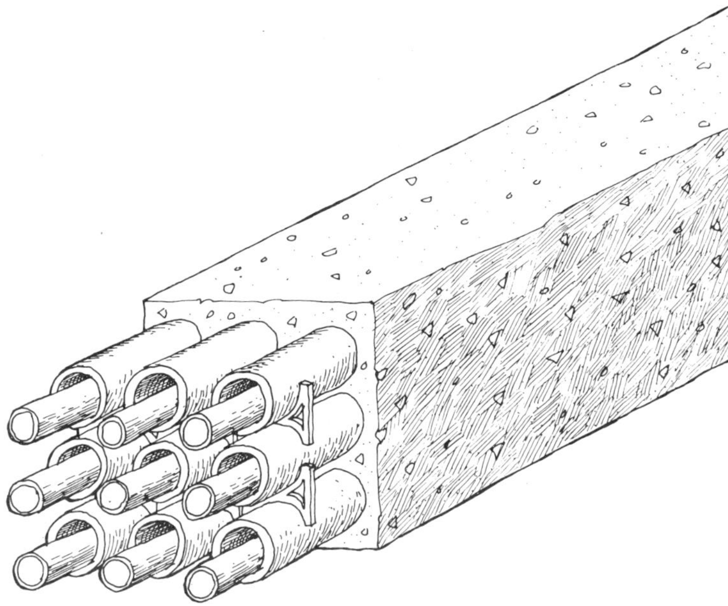

Esse sinal de alarme é apenas uma das numerosas conexões telefônicas urbanas que passam por equipamentos de extrema complexidade instalados na central telefônica. Em alguns milésimos de segundo essa instalação, solicitada por impulsos elétricos que vêm tanto em números formados num mostrador quanto através de uma mudança de pressão (como no caso da tubulação de gás), coloca automaticamente em comunicação os fios de onde provém a chamada e os fios que conduzem ao número pedido.

As ligações telefônicas urbanas viajam em cabos subterrâneos freqüentemente colocados à mesma profundidade que os cabos elétricos e paralelamente a eles. Mais uma vez, constroem-se câmaras para puxar, ligar os cabos e fazer ramificações para edifícios e cabines telefônicas. Assim como os cabos elétricos, os cabos telefônicos passam por condutos, agrupados em feixes, revestidos de concreto. Os cabos que atendem os semáforos, os telefones para a polícia ou para os bombeiros utilizam também os condutos telefônicos, mas não passam pela central.

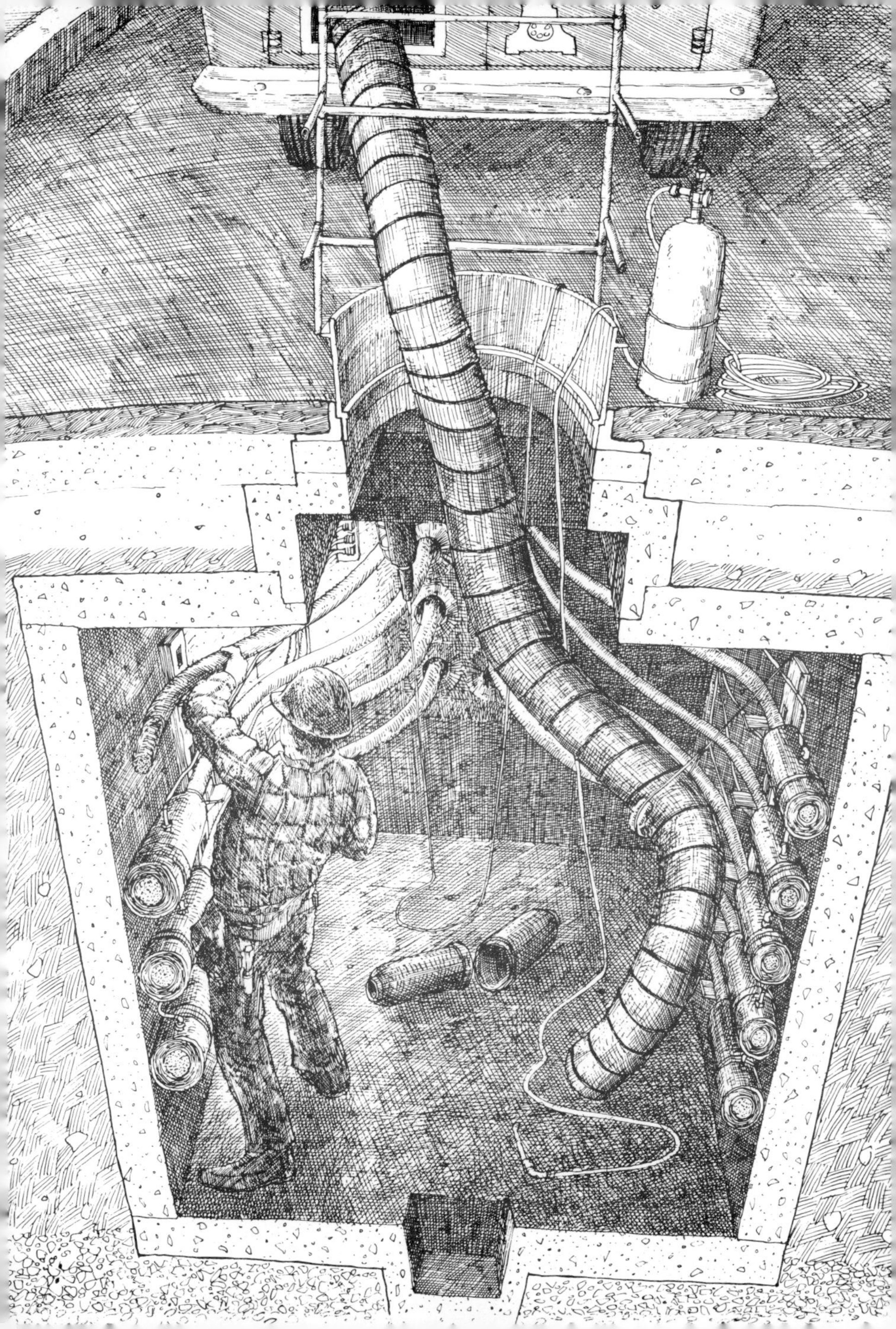

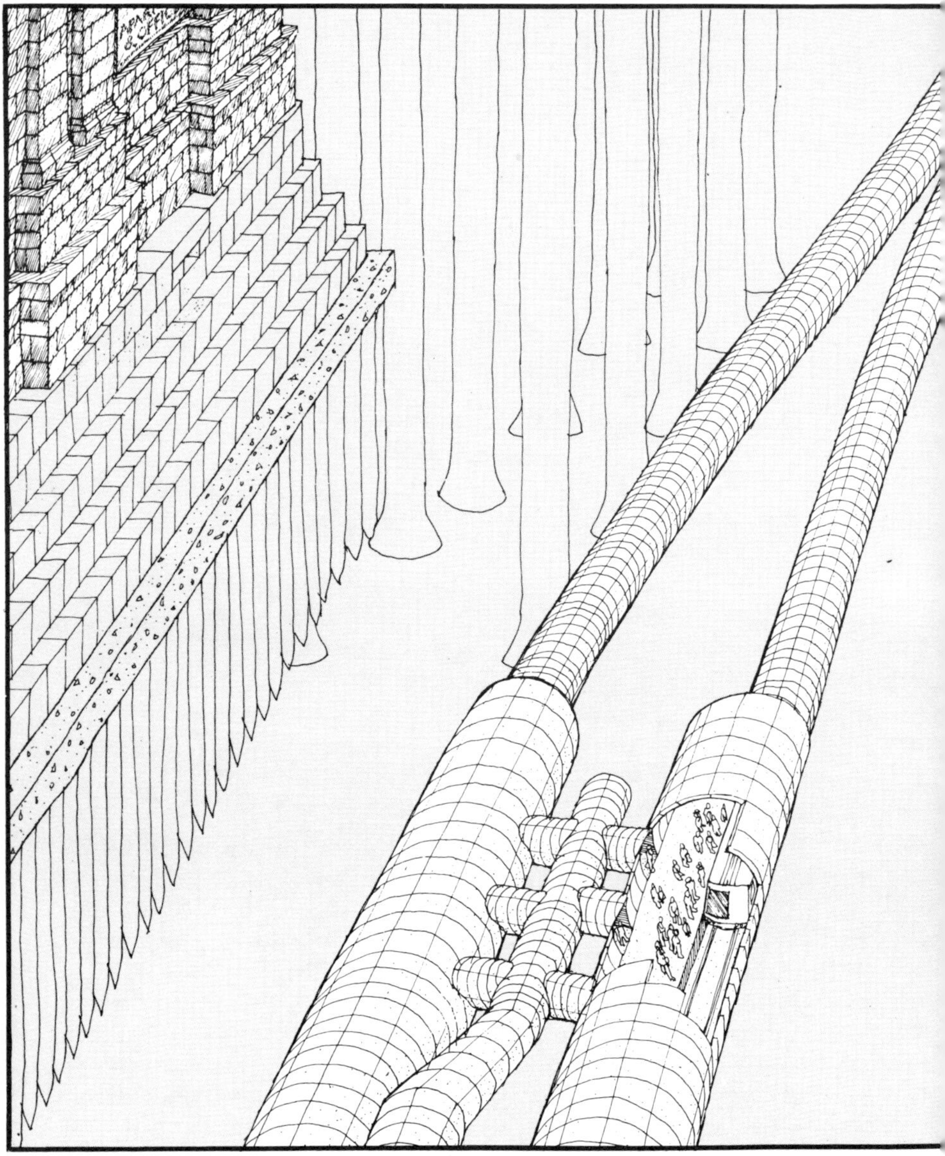

ANTIGA LOCOMOTIVA A VAPOR

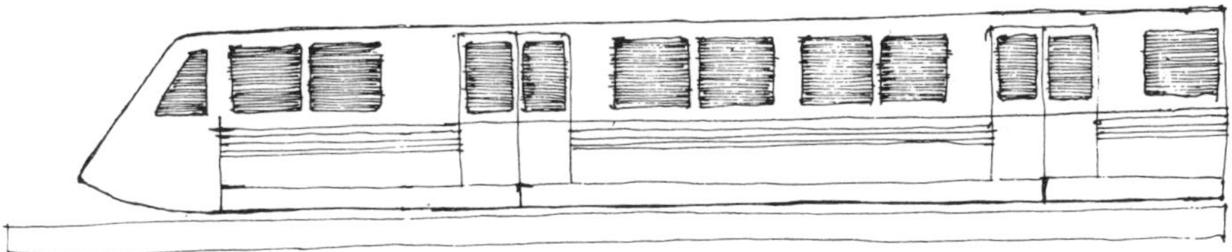

METRÔ ELÉTRICO MODERNO

A cidade cresce e a sua população aumenta: portanto, também é necessário desenvolver as redes dos serviços públicos, aumentando, principalmente, o tamanho e o número dos condutos e cabos subterrâneos. Mas o crescimento da cidade e da população torna também necessário um serviço público suplementar: um meio de transporte rápido e eficaz. Por causa do congestionamento das ruas e do seu traçado muitas vezes irregular, esse serviço é também subterrâneo.

O primeiro metrô foi construído em Londres em meados do século XIX; o motor funcionava a vapor. Desde então, pouco a pouco, por toda parte do mundo, desenvolveram-se numerosos metrôs elétricos de grande velocidade.

O itinerário e a profundidade do metrô dependem principalmente dos pontos da superfície a serem servidos e dos problemas impostos pelo subsolo. Mas a escolha do itinerário depende também da localização das garagens, oficinas e centrais elétricas.

galeria
em trincheira

Na rede de metrô, há dois tipos de galerias. As do primeiro tipo, muito próximas da superfície, encontram-se apenas sob ruas e espaços livres. Elas são construídas em trincheira, método que já vimos muitas vezes: cava-se uma trincheira, constrói-se uma galeria e aterra-se o espaço residual. A galeria do segundo tipo é construída diretamente pela perfuração do solo e por isso pode ser muito mais profunda; é utilizada quando não se pode perfurar o leito da rua ou quando o metrô tiver de passar sob obstáculos como edifícios, rios ou outras linhas de metrô.

Uma vez escolhido o percurso de cada tipo de galeria, traça-se uma planta indicando a localização precisa de todos os serviços públicos e linhas de metrô já existentes, a natureza e a profundidade das fundações, a natureza do subsolo.

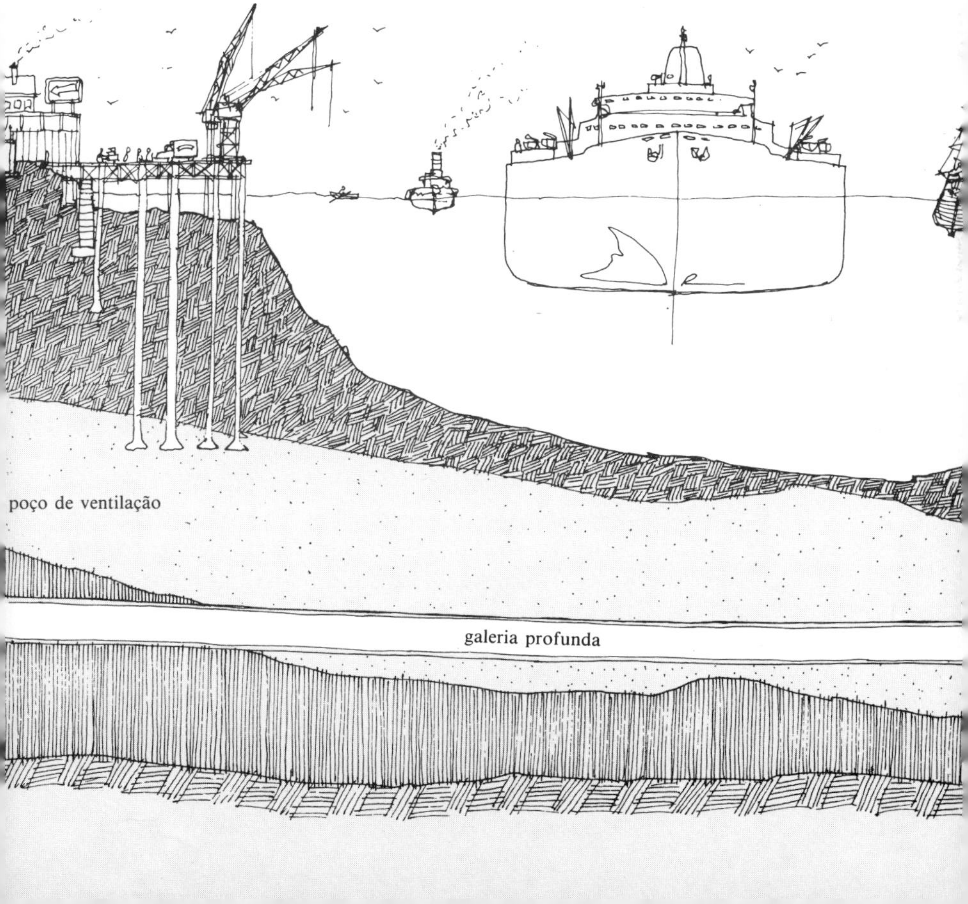

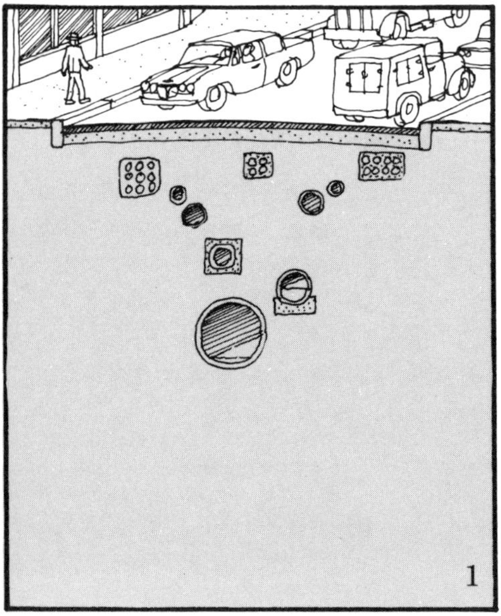

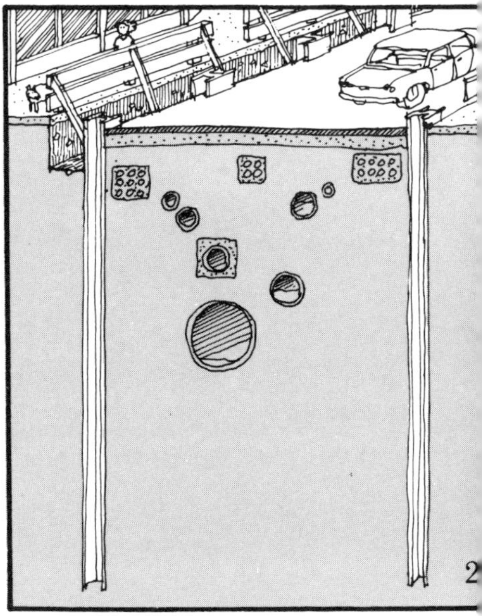

Procede-se à construção em trincheira aberta por módulos cujo comprimento é de apenas dois ou três quarteirões, para não atrapalhar o tráfego. Os condutos são deslocados lateralmente e ligados a condutos provisórios, dispostos num andaime horizontal ou suspensos no leito provisório da rua que recobrirá a trincheira.

A localização das paredes externas da escavação é marcada no leito da rua; em seguida enterram-se vigas verticais cujos topos sustentarão pesadas vigas de aço passando por cima da trincheira. Estas sustentam uma plataforma de pranchas de 30 centímetros de espessura ou grossas placas de aço, que servem não só como um leito provisório, mas também como uma plataforma por onde se pode descer material e equipamento para a escavação. Quando se conclui esse leito da rua, a terra logo abaixo é retirada com precaução para colocar à mostra todos os condutos que estão desviados ou suspensos; o resto da trincheira é cavado rapidamente. O fundo da trincheira é arrumado, e a fôrma necessária para o fundo e para os muros da galeria é erguida. Sob o solo, entre as futuras vias, é disposta uma tubulação de dre-

3

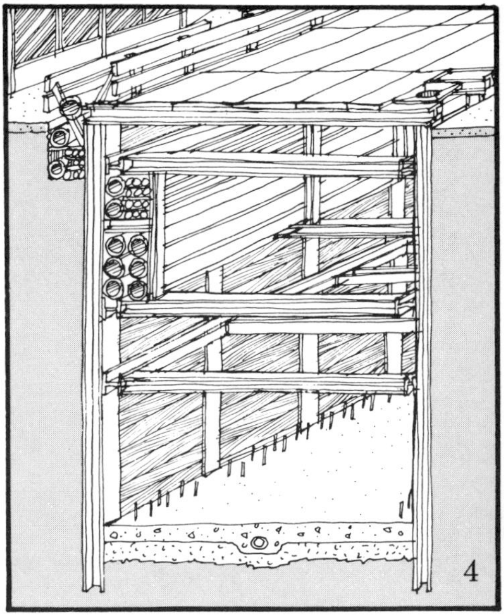
4

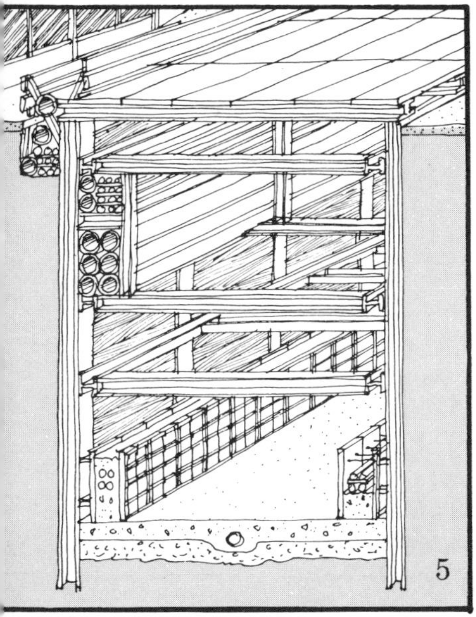
5

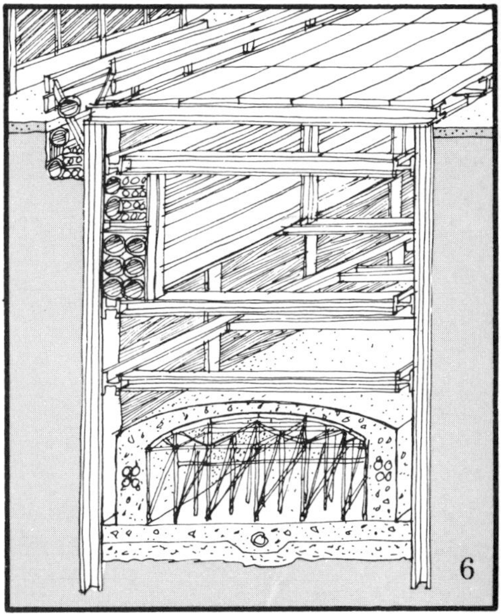
6

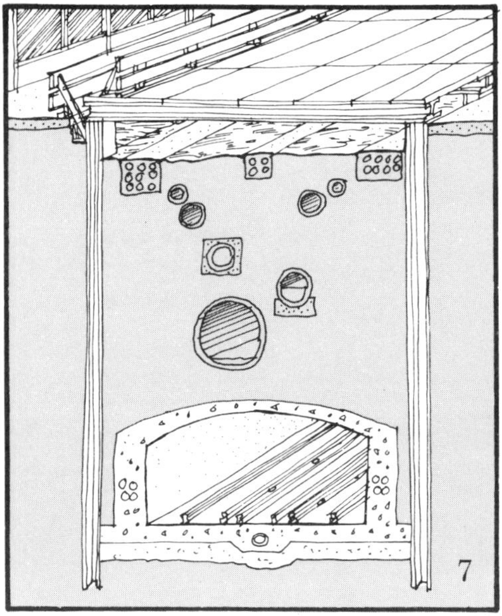

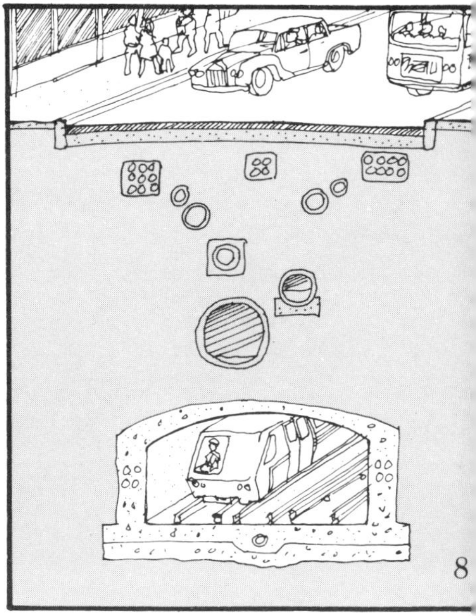

nagem: em pontos baixos predeterminados, toda água que se acumular será levada para o esgoto mais próximo.

Todos os cabos necessários para o funcionamento do metrô (eletricidade, sinalização, alarme) serão colocados em condutos instalados na parede da galeria através de câmaras de passagem montadas para isso.

Assim que as armações são colocadas, o concreto é despejado do nível da rua através de grandes funis. Quando as paredes da galeria estão prontas, instala-se entre elas o andaime que sustenta a fôrma da abóbada. Terminada a abóbada, organizam-se vias e sistemas de iluminação e sinalização. A parte externa da galeria é recoberta de um revestimento impermeável, e em seguida a trincheira é preenchida com brita e terra compactada.

Quando o aterro atinge a altura desejada, instalam-se novamente os condutos deslocados e, se necessário, são construídos novos poços de visita. Constrói-se um novo leito de rua enquanto se demole o leito provisório. Ao se moldar as paredes de concreto da trincheira, foram organizadas as escadas de acesso, os elevadores e os poços de ventilação.

Na construção de uma galeria por perfuração, cavam-se, a intervalos regulares, poços verticais na profundidade desejada seguindo o percurso, e eles são ligados por uma galeria. Os operários, o material e o ar fresco chegam ao canteiro através desses poços, por onde é tirado igualmente o material da escavação. Os poços são revestidos à medida que penetram na terra para se evitar o desmoronamento da parede e as infiltrações de água.

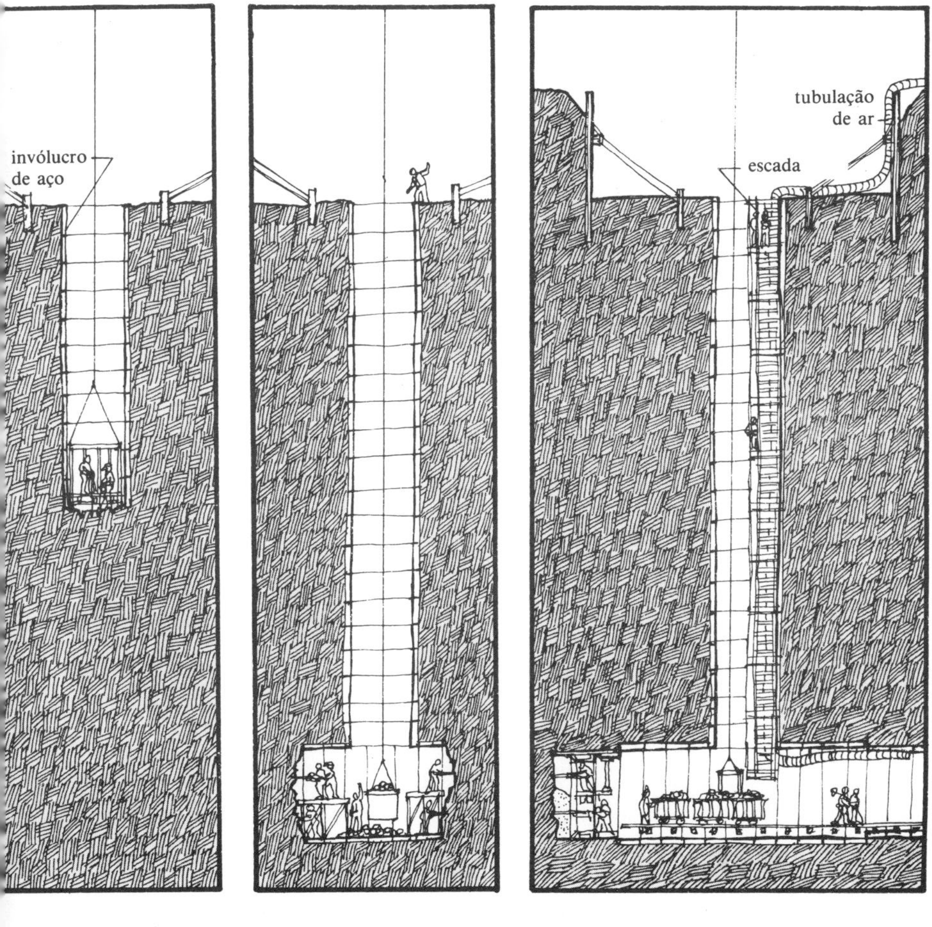

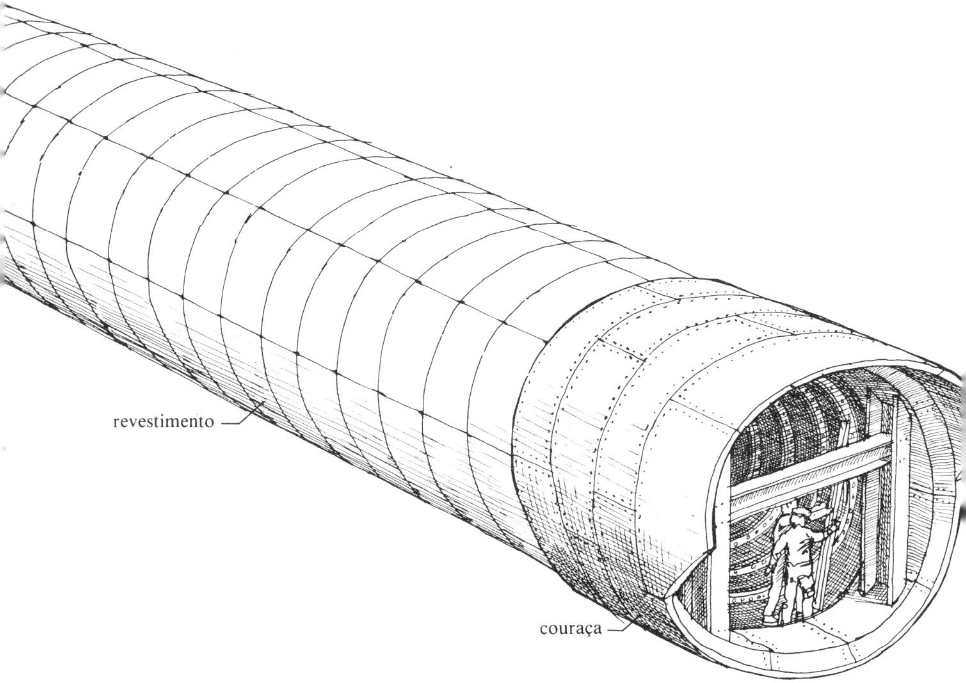

Quando é necessário cavar a galeria na argila ou numa rocha instável, emprega-se uma couraça, tubo de aço com um diâmetro ligeiramente superior ao previsto para a galeria. A couraça é introduzida no poço em peças avulsas e unida numa galeria especial no prolongamento da galeria do metrô ou na proximidade desta.

No contato com a frente de escavação, a couraça apresenta uma saliência que protege os operários das quedas de pedra. Na plataforma, na outra extremidade da couraça, os operários colocam o revestimento de ferro fundido ou de concreto pré-fabricado que constituem a parede interna definitiva da galeria. Cada anel de revestimento comporta vários elementos.

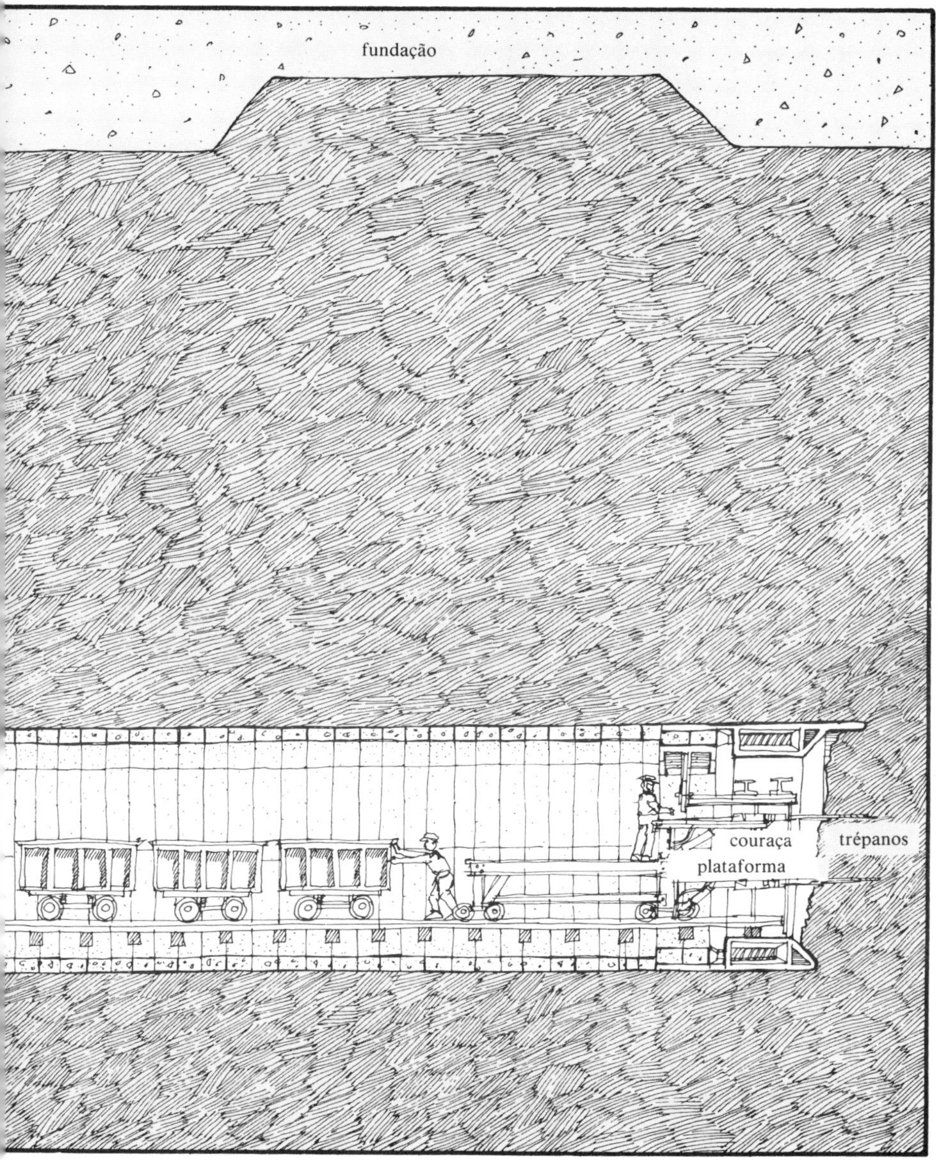
fundação
couraça
trépanos
plataforma

Quando a frente de escavação avança cerca de um metro, a couraça é empurrada por possantes macacos fixados no último anel de revestimento. Ao avançar, a couraça deixa um pequeno espaço entre a parede rochosa e a superfície externa do revestimento. Antigamente, esse espaço era preenchido com um concreto especial; agora, os elementos do revestimento são pregados contra a parede assim que a couraça é deslocada. Desta forma, nos dois casos, a galeria é solidamente fixada na parede.

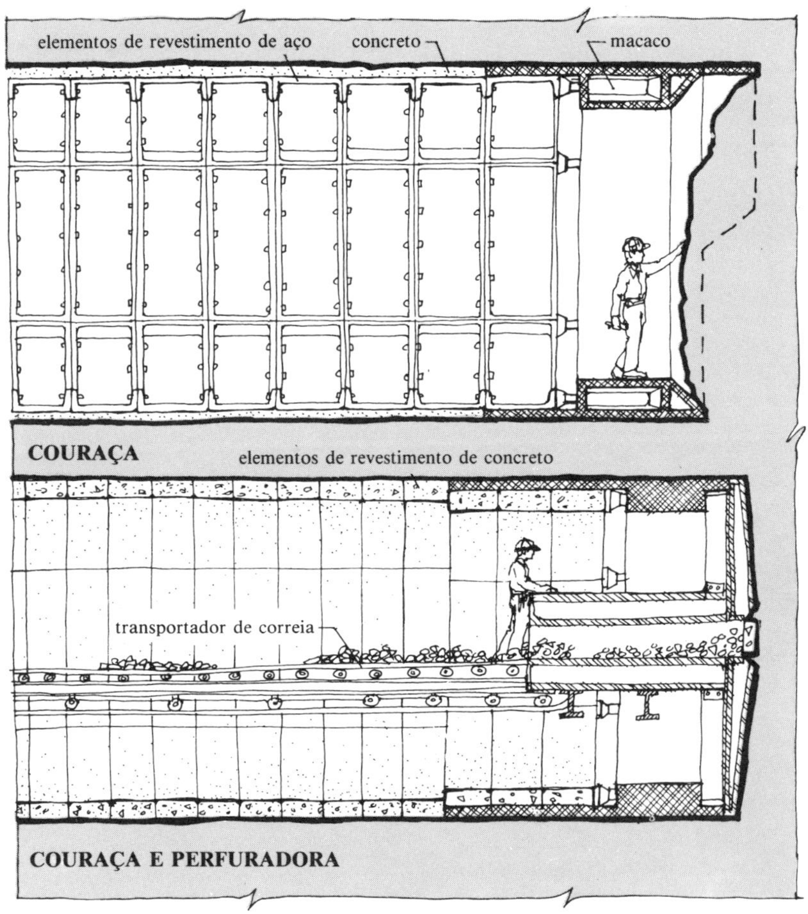

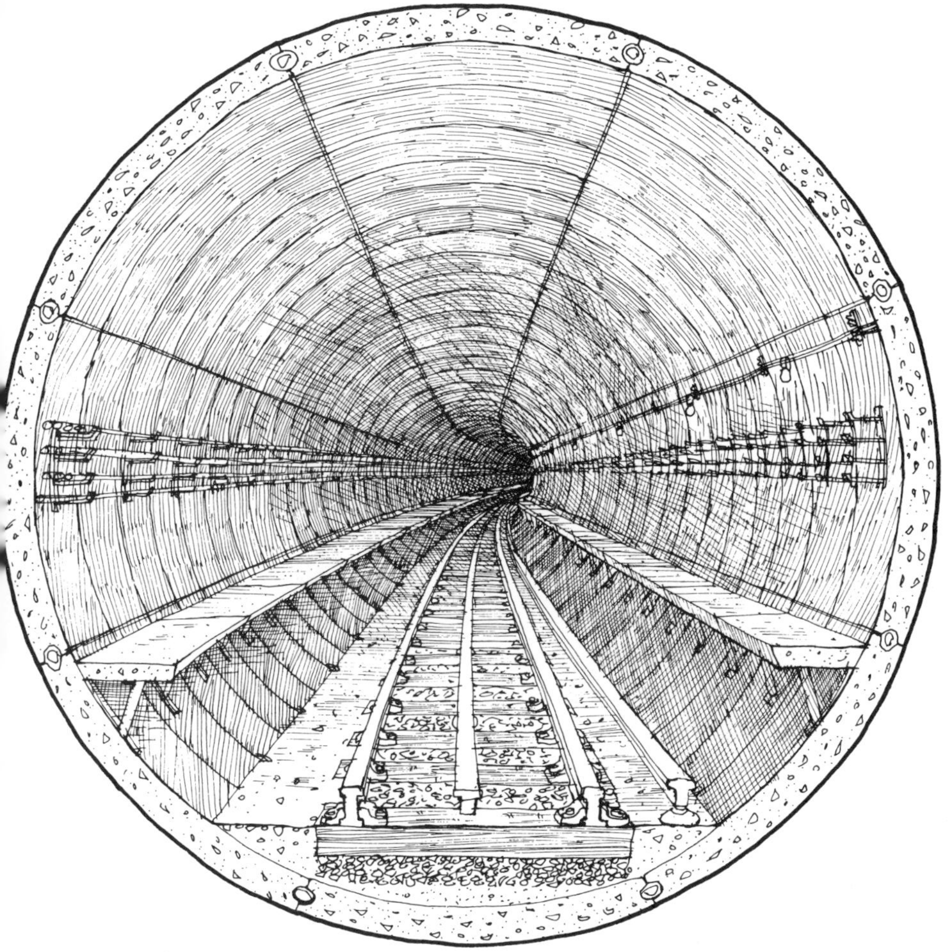

Quando se cava na rocha sólida, a couraça e, algumas vezes, o revestimento não são necessários. Para acelerar a construção, as equipes trabalham simultaneamente a partir de vários poços.

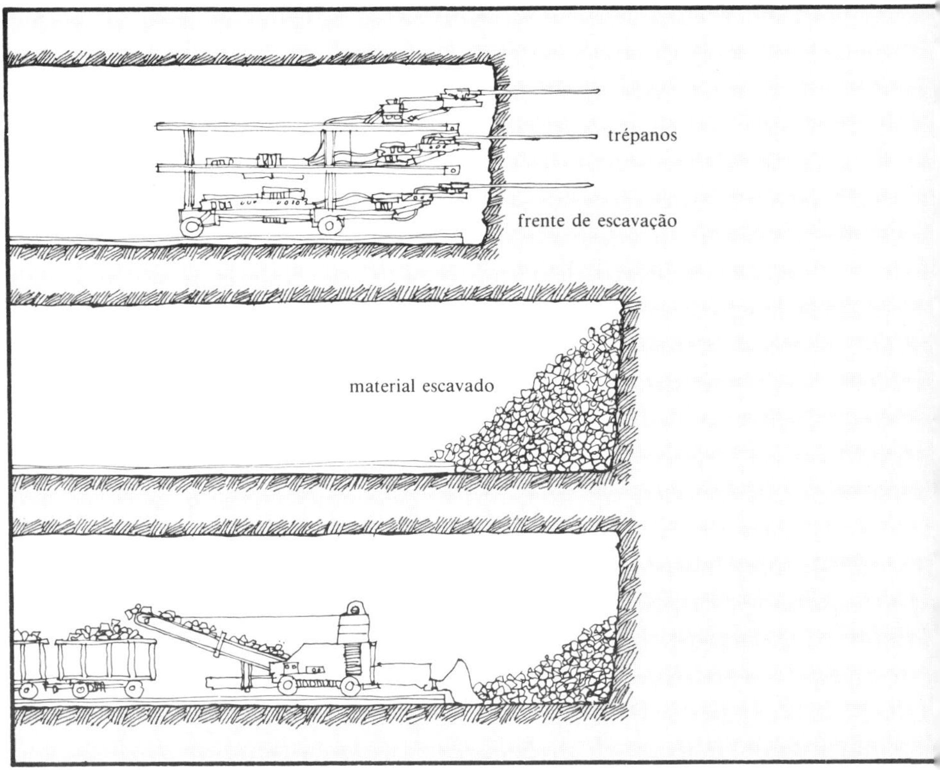

A frente da galeria pode ser escavada de várias maneiras. Pode-se até, se for preciso, escavar manualmente, mas em geral utilizam-se possantes trépanos ou apenas uma grande perfuradora. Quando a galeria atravessa a rocha ou uma argila muito dura, os furos do trépano são preenchidos com um explosivo que vai fragmentar a frente de escavação. Assim que o sistema de ventilação limpa o ar, o material escavado é retirado em pequenos vagões de bitola estreita, ou através de um transportador de correia até o poço mais próximo.

Quando uma galeria tem de atravessar um terreno muito impregnado de água, uma contrapressão é exercida na frente de escavação para impedir a infiltração de água. Primeiramente, fecha-se a galeria logo atrás da couraça, por uma espessa parede de concreto; entre essa parede e a frente de escavação aumenta-

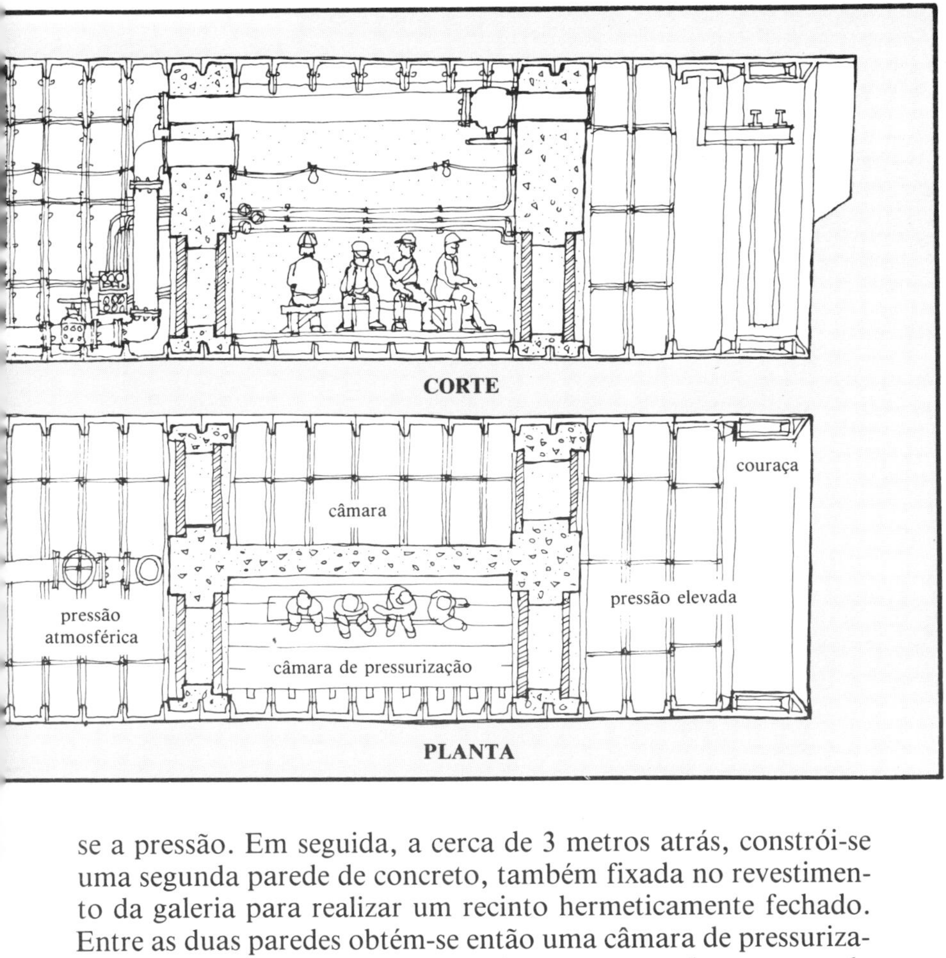

se a pressão. Em seguida, a cerca de 3 metros atrás, constrói-se uma segunda parede de concreto, também fixada no revestimento da galeria para realizar um recinto hermeticamente fechado. Entre as duas paredes obtém-se então uma câmara de pressurização, a que se tem acesso por pesadas comportas de aço em cada uma das paredes. A pressão é diferente perto da frente de escavação e na galeria. Os operários que passam de uma área a outra devem, pois, passar um certo tempo na câmara de pressurização; ali, a pressão é modificada progressivamente, do nível que apresenta na frente de escavação para o nível normal perto do poço (ou vice-versa), e os operários podem se adaptar a ela. Passam-se os equipamentos e o material de escavação por uma câmara adjacente à câmara de pressurização.

Concluída uma parte da galeria, constrói-se a infra-estrutura das vias e colocam-se as próprias vias. Como a galeria é cilíndrica, há bastante lugar entre a parede e o trem para que se suspendam diretamente na parede os cabos de distribuição de eletricidade para sinalização e iluminação. As galerias do metrô têm, às vezes, apenas a largura necessária para uma única via; quando é necessário colocar várias vias ou uma estação, basta aumentar o diâmetro.

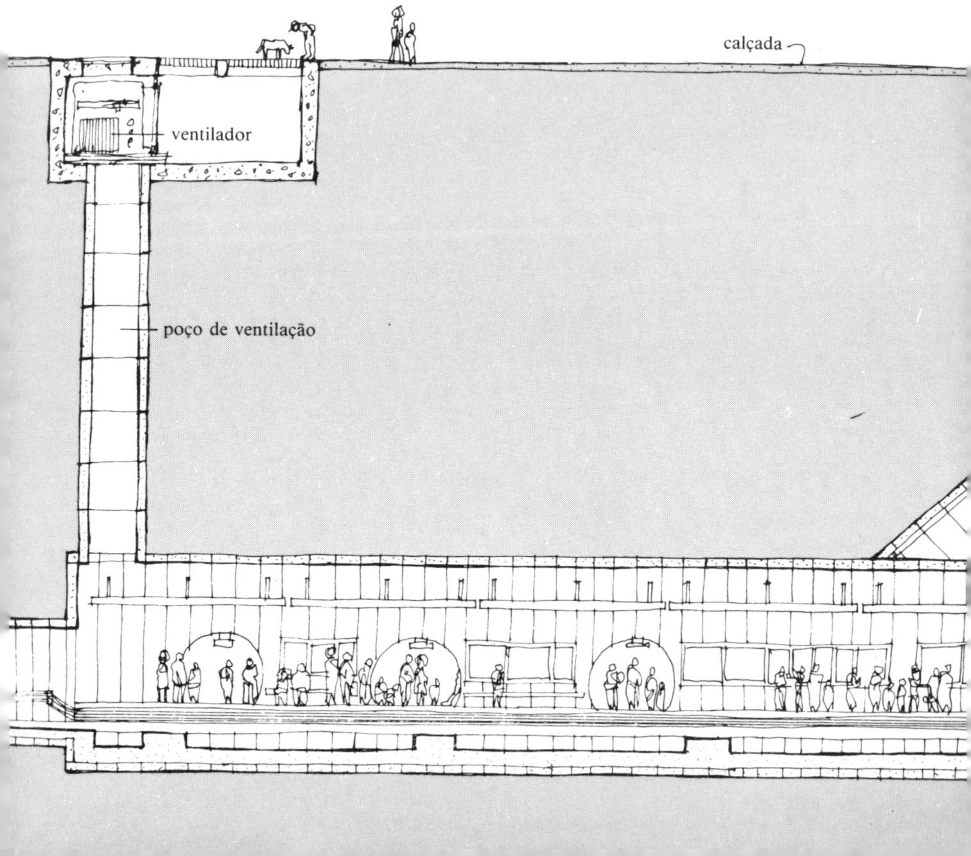

Ao mesmo tempo que se cavam as galerias para a circulação dos trens, cavam-se outras galerias e outros poços para os elevadores, escadas rolantes e as ligações entre diversas linhas.

No final da obra, muitos poços de construção são empregados para as escadas de emergência ou para os grandes ventiladores que enviam ar fresco para a rede.

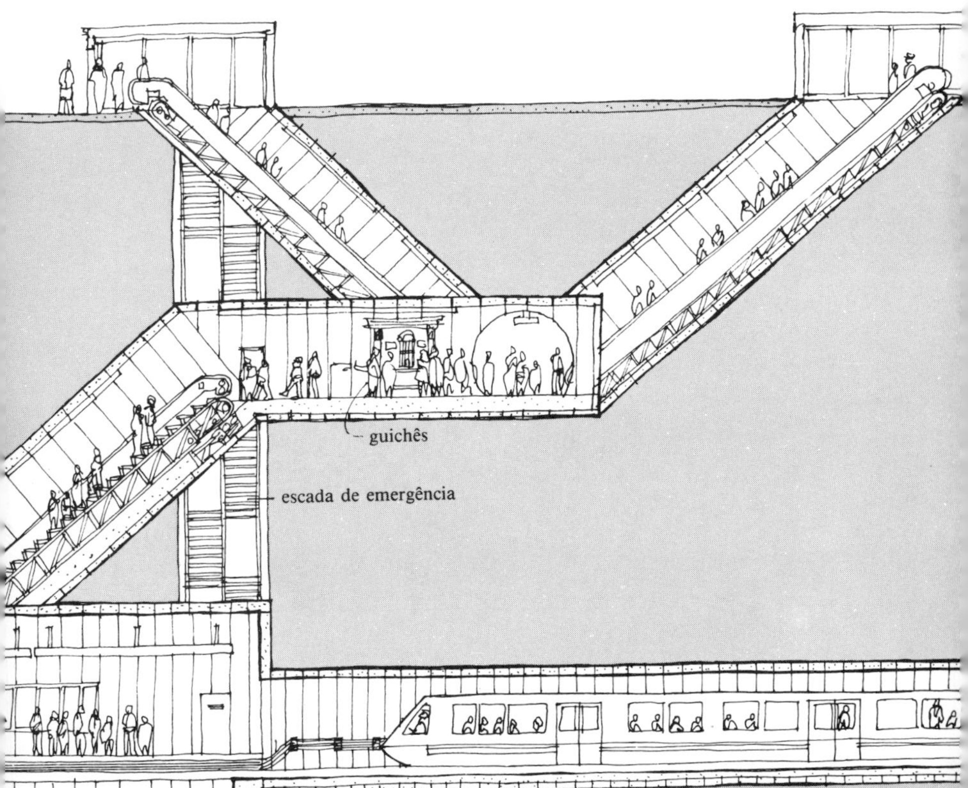

Com o metrô, a última grande artéria subterrânea do cruzamento foi realizada. Para realizar essa rede emaranhada de construções e tubulações indispensáveis à vida na superfície, foi preciso retirar milhões de toneladas de terra e rocha. Mas, apesar de toda sua importância, só tomamos consciência da existência dessa grande rede invisível através de alguns indícios insignificantes: uma fumaça que sobe, a extremidade de uma escada que ultrapassa um poço de visita, o barulho do metrô sob os nossos pés. Tudo isso nos lembra o quanto dependemos da tecnologia. E, por mais complicada que seja a imagem que temos do subterrâneo da cidade, dificilmente ela será mais surpreendente do que a realidade.

METRÔ
SAÍDA
LIVRARIA

Glossário

ACIONADOR
Chave com cabo longo que serve para abrir e fechar um registro de gaveta.

ARMAÇÃO
Ferros ou grade encerrados no concreto para reforçá-lo.

ATERRO
Material utilizado para cobrir uma trincheira após a colocação de um conduto ou para elevar o fundo de uma escavação numa altura desejada.

BLOCO DE FUNDAÇÃO
Bloco de concreto que liga as cabeças das estacas dispostas em grupo ou em fileiras, e que, por sua vez, sustenta um pilar ou uma parede.

BOCA DE CHAVE
Abertura cilíndrica acima de um registro de gaveta para permitir a sua manipulação.

BOCA-DE-LOBO
Obra situada no leito da rua onde a água pode ser decantada: os objetos que poderiam obstruir a rede de drenagem das águas de chuva têm assim tempo de se depositar antes que a água penetre no conduto.

BOCA-DE-LOBO COM GRELHA
Abertura no leito da rua com grade metálica através da qual a água escoa para a rede de drenagem.

CANALETA
Tubo subterrâneo de proteção que recebe os cabos elétricos e telefônicos.

CONDUTO MÚLTIPLO
Grupos de vários dutos ou canaletas para cabos revestidos de concreto.

COURAÇA
Grande tubo de aço no interior do qual os operários podem cavar uma galeria profunda na argila ou numa rocha instável.

DEGRAU
Suporte metálico colocado nas paredes das câmaras de passagem para sustentar os cabos telefônicos.

DRENAGEM DAS ÁGUAS DE CHUVA
Rede de condutos que serve para dar vazão a grandes quantidades de água que podem se acumular rapidamente depois de uma tempestade ou do derretimento da neve.

DUTO
Tubo subterrâneo de proteção que recebe os cabos telefônicos.

ESCAVAÇÃO
Operação de perfuração e retirada da terra no canteiro de obras.

ESCORA
Viga de madeira ou de aço disposta obliquamente para amparar um muro de arrimo.

ESCORAMENTO
Armação vertical de madeira que impede o desmoronamento das paredes de uma trincheira.

ESTACA DE ATRITO
Estaca cravada no solo até que o atrito entre a superfície da estaca e o solo lhe dê estabilidade o suficiente para servir de fundação.

ESTACA DE SUPORTE
Estaca de fundação cravada no solo para distribuir a carga até o solo adequado ou até a rocha.

ESTACA MOLDADA NO LOCAL
Estaca construída fazendo um furo e preenchendo-o de concreto.

ESTAÇÃO
Caixa colocada sob uma calçada para abrigar um transformador.

ESTACAS-PRANCHAS
Elementos de aço justapostos cravados no solo em toda volta da escavação, servindo de muro de arrimo.

FÔRMA
Molde provisório de diversas formas que recebe o concreto líquido e seu suporte.

FRENTE DE ESCAVAÇÃO
Parede da galeria que é continuamente escavada.

FUNDAÇÃO
Conjunto de construções colocadas sob um edifício para distribuir o peso no solo.

GUINDASTE
Aparelho que serve para enrolar um cabo ou fita-guia; é capaz de puxar uma carga pesada.

LAJE FLUTUANTE
Sapata de distribuição espalhada sob todo o edifício no lugar de várias sapatas separadas.

LENÇOL FREÁTICO
Nível em que o solo fica completamente saturado de água.

LIMITE DE CONGELAMENTO
Nível sob a superfície do solo até onde o gelo pode descer.

MACACO
Aparelho capaz de erguer um peso muito grande ou exercer um forte pressão nas duas superfícies entre as quais está colocado.

MÃO-FRANCESA
Suporte metálico colocado nas paredes das câmaras de passagem para sustentar os cabos elétricos.

MATERIAL ESCAVADO
Material extraído durante a abertura de uma galeria subterrânea.

MÉTODO DO SUPORTE DE FUNDAÇÃO
Aprofundamento ou substituição das fundações de um antigo edifício através de um suporte provisório.

MÉTODO EM TRINCHEIRA
Procedimento de construção do metrô que compreende a escavação de uma trincheira, construção de uma galeria e o preenchimento da trincheira depois de concluída a galeria.

MURO DE ARRIMO
Muro construído ao redor do canteiro entre o piso inferior do edifício e o nível do solo; não serve como fundação.

PAREDE DE FUNDAÇÃO
Parede, geralmente de concreto, construída abaixo do nível do solo para distribuir o peso da edificação dessa parede.

POÇO
Comunicação vertical cavada até a profundidade prevista para uma galeria, que serve para a passagem de homens, materiais, ar fresco e material escavado.

REGISTRO DE GAVETA
Sistema de fechamento instalado nas tubulações de água, de vapor e de gás.

ROCHA (SUBSTRATO ROCHOSO)
Crosta sólida da terra, situada às vezes a várias centenas de metros de profundidade.

SAPATA DE DISTRIBUIÇÃO
Fundação bem distribuída, que consiste em colocar uma laje de concreto sob cada pilar ou parede para distribuir a carga deste sobre uma superfície maior.

TRANSFORMADOR
Aparelho que serve para aumentar ou diminuir a tensão da corrente que o atravessa.

TRAVES
Fileiras de vigas de aço dispostas entre a base de um pilar de aço e o topo de um bloco de concreto ou de uma estaca moldada no local para distribuir melhor a carga.

TUBOS DE DRENAGEM
Tubos enterrados no solo, no interior e ao redor de um canteiro, que permitem manter o nível do lençol freático sob o fundo da escavação.

VIGA TRANSPASSADA
Viga horizontal utilizada durante a colocação de um suporte de fundação e posta sob uma parede para aliviá-la momentaneamente.